Orientierung und Kartenkunde

Mary Rosenberg

Klasse 3/4

Verlag an der Ruhr

Impressum

Titel der deutschen Ausgabe
Werkstatt kompakt
Orientierung und Kartenkunde – Kopiervorlagen mit Arbeitsblättern

Titel der amerikanischen Originalausgabe
Map Skills – Grade 2

Autorin
Mary Rosenberg

Titelbildmotive
Kartenmotiv: © fffranz; Kinderhand: © bloomua; Comic-Kinder: © dip – alle Fotolia.com

Illustrationen
Howard Chaney (wenn nicht anders angegeben); ansonsten siehe Copyrighthinweise

Übersetzung
Daniela Köhn

Druck
Heenemann GmbH & Co. KG, Berlin, DE

Bearbeitung für Deutschland

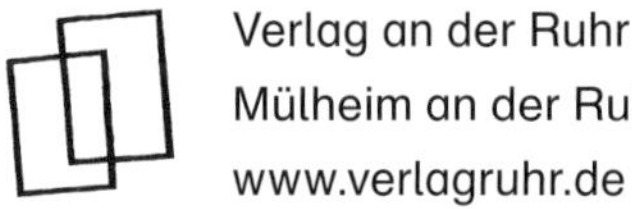

Verlag an der Ruhr
Mülheim an der Ruhr
www.verlagruhr.de

Geeignet für die Klassen 3–4

ISBN 978-3-8346-2454-3

Inhaltsverzeichnis

Vorwort

Sich mithilfe eines Stadtplans orientieren oder Landkarten lesen zu können, sind Fähigkeiten, die Kinder bereits in der Grundschule erwerben sollten. Sie finden sich z. B. besser in ihrer näheren Umgebung zurecht oder können, Entfernungen realistisch einschätzen.
Mit dieser Mappe lernen die Kinder, zweidimensionale Abbildungen und abstrakte Zeichen auf Karten zu verstehen, Legenden zu deuten, Entfernungen und Himmelsrichtungen zu bestimmen oder Koordinaten zur Ortsbestimmung zu nutzen. So schulen sie das **räumliche Vorstellungsvermögen,** den **Orientierungssinn** und die Fähigkeit, zu **abstrahieren,** und erlangen damit eine Grundlage für die weiterführenden Schulen.

Einsatz der Arbeitsblätter

Die Arbeitsblätter in dieser Mappe eignen sich zum Teil bereits für den **Einsatz ab Klasse 2** und können, abhängig von den Lernvoraussetzungen der Kinder, bis **Klasse 4** eingesetzt werden. Je nach den Vorerfahrungen und Fähigkeiten der Lerngruppe sollten Sie die entsprechenden **passenden Arbeitsblätter** heraussuchen oder aber die Inhalte als Lehrgang durchführen. Der Anspruch der Aufgaben steigt allmählich an, sodass die Kinder nach und nach ihr Raumorientierungsvermögen trainieren und immer sicherer im Kartenlesen werden. Damit Sie einzelne Schwerpunkte auswählen und die Kinder diese gesondert üben können, sind die Arbeitsblätter thematisch geordnet und in Kapitel eingeteilt (siehe auch Inhaltsverzeichnis, S. 3).

Ob Sie die vorgeschlagene **Reihenfolge** so beibehalten oder auch nur einzelne Arbeitsangebote auswählen, bleibt Ihnen überlassen – das Wichtigste ist, dass die Inhalte auf Ihre Lerngruppe abgestimmt sind.

Voraussetzungen und Arbeitsumgebung

Damit die Kinder möglichst eigenständig mit den Arbeitsblättern arbeiten können, sollten sie vorab einige **Grundbegriffe der Kartenkunde** kennenlernen. So werden z. B. Fachbegriffe wie „Legende", „Koordinaten" oder „Planquadrate" verwendet, die Sie zunächst gemeinsam mit den Kindern besprechen und klären sollten. Es empfiehlt sich, besonders im Zusammenhang mit dem Kapitel „Himmelsrichtungen" (S. 14–19) den Umgang mit dem **Kompass** zu üben.
Den Kindern sollten die **Himmelsrichtungen** geläufig sein. Üben Sie sie gemeinsam, indem Sie im Klassenraum oder auf dem Schulhof die Himmelsrichtungen mit Schildern markieren. Es bietet sich an, ein Bewegungsspiel zu machen: Geben Sie (oder ein Kind) jeweils eine Himmelsrichtung vor. Die (anderen) Kinder müssen dann dorthin laufen, kriechen, hüpfen usw. Neben den Haupthimmelsrichtungen sollten auch die Nebenhimmelsrichtungen Nordosten, Südosten, Nordwesten und Südwesten bekannt sein. Als Vorbereitung auf die Übungen im Kapitel „Entfernungen" (S. 20–28) sollte den Kindern der Umgang mit dem **Lineal** vertraut sein und sie sollten die **Längenmaße** cm und m kennen. Besprechen Sie, was ein **Maßstab** ist und wie man die Entfernungen auf Karten in die wirklichen Entfernungen umrechnen kann. Während der Arbeit an den einzelnen Angeboten sollten den Kindern **Hilfsmittel** zur Verfügung stehen, mit denen sie die oft abstrakten Inhalte besser nachvollziehen können. Um sich im Koordinatensystem besser zurechtzufinden, können sie z. B. **Spielfiguren** oder andere kleine Gegenstände auf die Felder setzen und mit diesen die Positionen oder Wege nachvollziehen. Sinnvoll als ergänzendes Material sind auf jeden Fall große **Landkarten**, z. B. eine Deutschlandkarte, eine Weltkarte oder eine Karte Ihres Bundeslandes. Die Kinder können auch von zu Hause **Atlanten, Landkarten** oder **Straßenkarten** mitbringen und damit ihre neu erworbenen Kartenlesefähigkeiten ausprobieren. Je mehr die Kinder sich mit Landkarten beschäftigen, umso stärker schulen sie ihre Orientierungsfähigkeit.

Übungen und Tests

Im Anschluss an die Arbeitsangebote finden Sie sechs **Test- und Übungsseiten** (S. 41–46). Es handelt sich hierbei um Multiple-Choice-Tests, die die Lerninhalte der Arbeitsmappe aufgreifen. Es bleibt Ihnen überlassen, ob Sie diese Aufgaben als zusätzliche **Übungsangebote** zur Verfügung stellen oder im Anschluss an eine Lerneinheit als **Test** einsetzen. Wichtig ist, dass den Kindern auch bei Tests die bekannten Hilfsmittel zur Verfügung stehen (s. o.).
Um Ihnen die Überprüfung bzw. Korrektur der Arbeitsangebote und Tests zu erleichtern, finden Sie alle **Lösungen** ab Seite 49.

Bedeutungen von Symbolen

Auf Landkarten stehen Symbole für verschiedene Dinge.

Denke dir ein einfaches Symbol für diese Gegenstände aus. Das Beispiel hilft dir dabei.

<table>
<tr><td>1.  = </td><td>7. 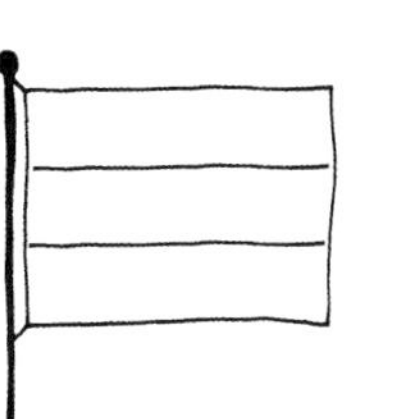 =</td></tr>
<tr><td>2.  =</td><td>8. 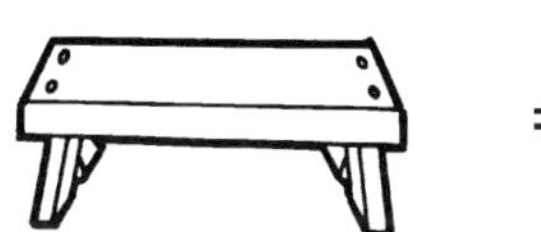 =</td></tr>
<tr><td>3.  =</td><td>9.  =</td></tr>
<tr><td>4.  =</td><td>10.  =</td></tr>
<tr><td>5.  =</td><td>11.  =</td></tr>
<tr><td>6. 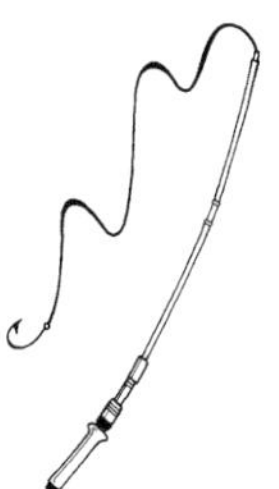 =</td><td>12.  =</td></tr>
</table>

Illustrationen: © Howard Chaney
© Verlag an der Ruhr | Autorin: Mary Rosenberg | ISBN 978-3-8346-2454-3 | www.verlagruhr.de

Eine Landkarte ausmalen

Male die Landkarte aus. Achte auf die Legende.

1. Fluss
2. Hügel
3. Fels
4. Schwimmbad
5. Liegestühle
6. Strand
7. Ameisenhügel
8. Meer
9. Berge

Legende		
 blau	 grün	 schwarz
 orange	 rot	 grau
 braun	 gelb	 rosa

Illustrationen: © Howard Chaney
© Verlag an der Ruhr | Autorin: Mary Rosenberg | ISBN 978-3-8346-2454-3 | www.verlagruhr.de

Eine Legende lesen

Beantworte die Fragen.
Dabei helfen dir die Landkarte und die Legende.

1. Wie viele Hütten gibt es? ....
2. Wie heißt der Wald? ....
3. Welcher Wanderweg ist beim kleinen See? ....
4. Ist der Kanuverleih näher an den Hütten oder näher am Fuchsbau?

   ....

5. Wie kommst du von der Bärenhöhle zum kleinen See?

   ....

   ....

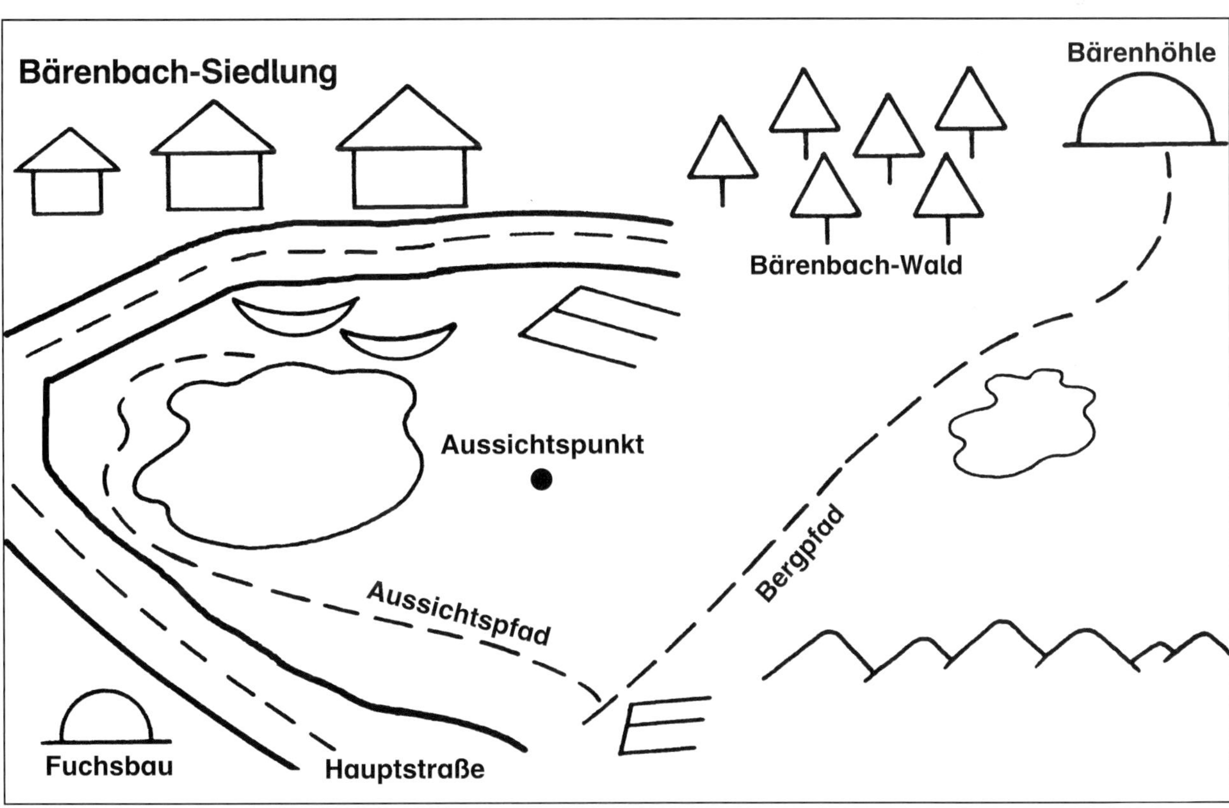

Legende			
Kanu-verleih	See	Hütte	Wald
Wanderweg	Berge	Straße	Parkplatz

Monsterland wurde entdeckt

Sieh dir die Landkarte an. Beantworte die Fragen.

1. Wie heißen die Berge von Monsterland? ....

2. Wie heißt die Hauptstadt? ....

3. Liegt der Silbersee im östlichen oder westlichen Teil des Landes?

....

4. Liegt der Rote Fluss nördlich oder südlich von Neumonsterstadt?

....

5. Welche drei Länder grenzen an Monsterland?

....

....

6. Auf welcher Autobahn kannst du von Feenland nach Neumonsterstadt fahren?

....

7. Welche Autobahn führt von Zwergenland nach Feenland?

....

8. Liegt der Silbersee östlich oder westlich von Feenland?

....

N
W
O
S

Legende

Berge

Wasser

A Autobahn

See

Hauptstadt

Fluss

Landesgrenze

Zwergenland

Feenland

A 10

Monsterland

Silbersee

Gigantenberge

Riesenland

A 7

A 7

Neumonsterstadt

Piratenbucht

Roter Fluss

Illustrationen: © Howard Chaney

Straßenschilder

Was bedeuten die folgenden Schilder?
Zeichne eine Linie vom Schild zur passenden Bedeutung.

	Schild	Bedeutung
1.		Vorsicht, Seitenwind!
2.		Achtung, Gegenverkehr!
3.		Vorsicht, Bahnübergang!
4.		Bald kommt eine Tankstelle!
5.	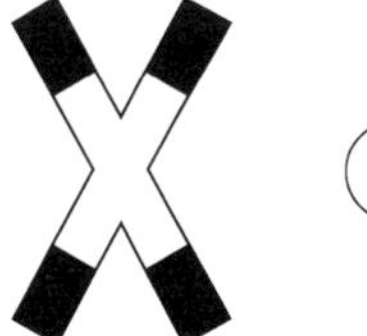	Achtung, hier sind Kinder!
6.		Ein Flugplatz ist in der Nähe!
7.		Achtung, kurvenreiche Strecke!

Illustrationen: © Howard Chaney

Im Supermarkt

Findest du dich im Supermarkt zurecht?
Schreibe auf, in welchem Gang du die folgenden Dinge findest.

Einkaufsliste	Gang
1. Tomaten	
2. Brötchen	
3. Kuchen	
4. Schinken	
5. Apfelsaft	
6. Hundefutter	
7. Toilettenpapier	
8. Hühnchen	
9. Zahnpasta	
10. Trauben	
11. Orangensaft	
12. Brot	
13. Seife	
14. Kekse	
15. Rindfleisch	
16. Mineralwasser	
17. Vogelfutter	
18. Zahnbürste	
19. Limonade	
20. Bananen	

Gang 1 Obst
Gang 2 Gemüse
Gang 3 Getränke
Gang 4 Fleisch
Gang 5 Süßigkeiten
Gang 6 Brot und Kuchen
Gang 7 Körperpflege
Gang 8 Tierbedarf

Eine Adresse schreiben

Wenn du eine Adresse schreibst, musst du auch an den Straßennamen und die Hausnummer denken.
Schreibe die Adressen auf.

1. Max wohnt in der ....

2. Sarah wohnt in der ....

3. Tina wohnt in der ....

4. Marie wohnt in der ....

5. Jens wohnt in der ....

6. Marcello wohnt in der ....

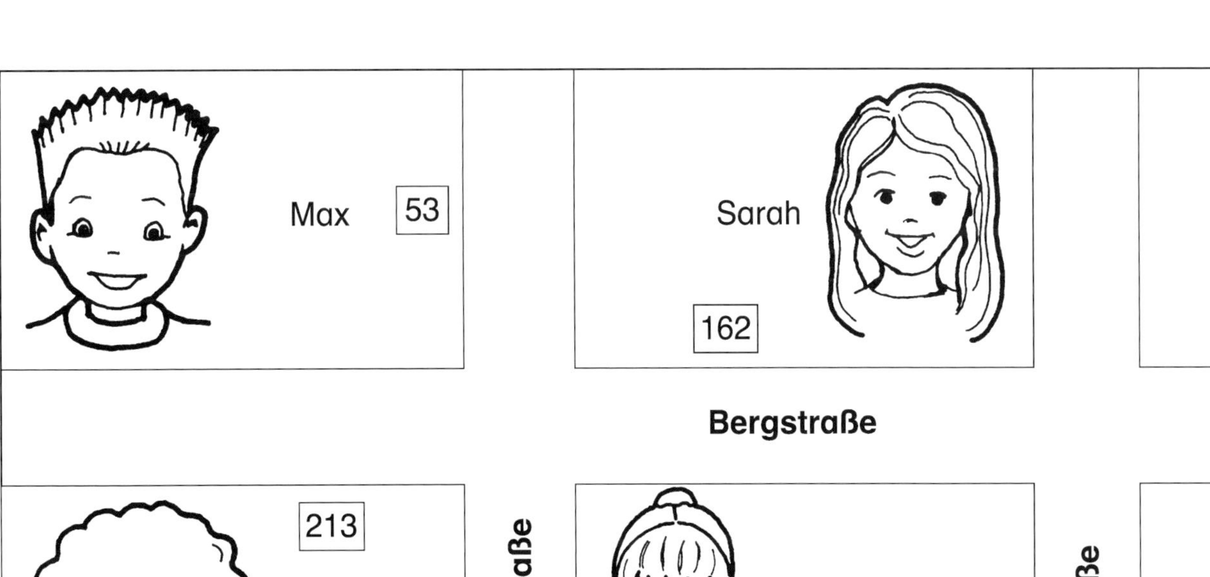

Illustrationen: © Howard Chaney
© Verlag an der Ruhr | Autorin: Mary Rosenberg | ISBN 978-3-8346-2454-3 | www.verlagruhr.de

Häuser und Straßen

Schaue dir die Karte an.
Schreibe auf, an welchen Straßen die Häuser stehen.

1. Melanies Haus liegt an der Ecke .... und ....

2. Daniels Haus liegt an der Ecke .... und ....

3. Lenas Haus liegt an der Ecke .... und ....

4. Philipps Haus liegt an der Ecke .... und ....

Lenas Haus

Rosinenstraße

Melanies Haus

Traubenweg

Pflaumenstraße

Philipps Haus

Bananenweg

Daniels Haus

Erdbeerpfad

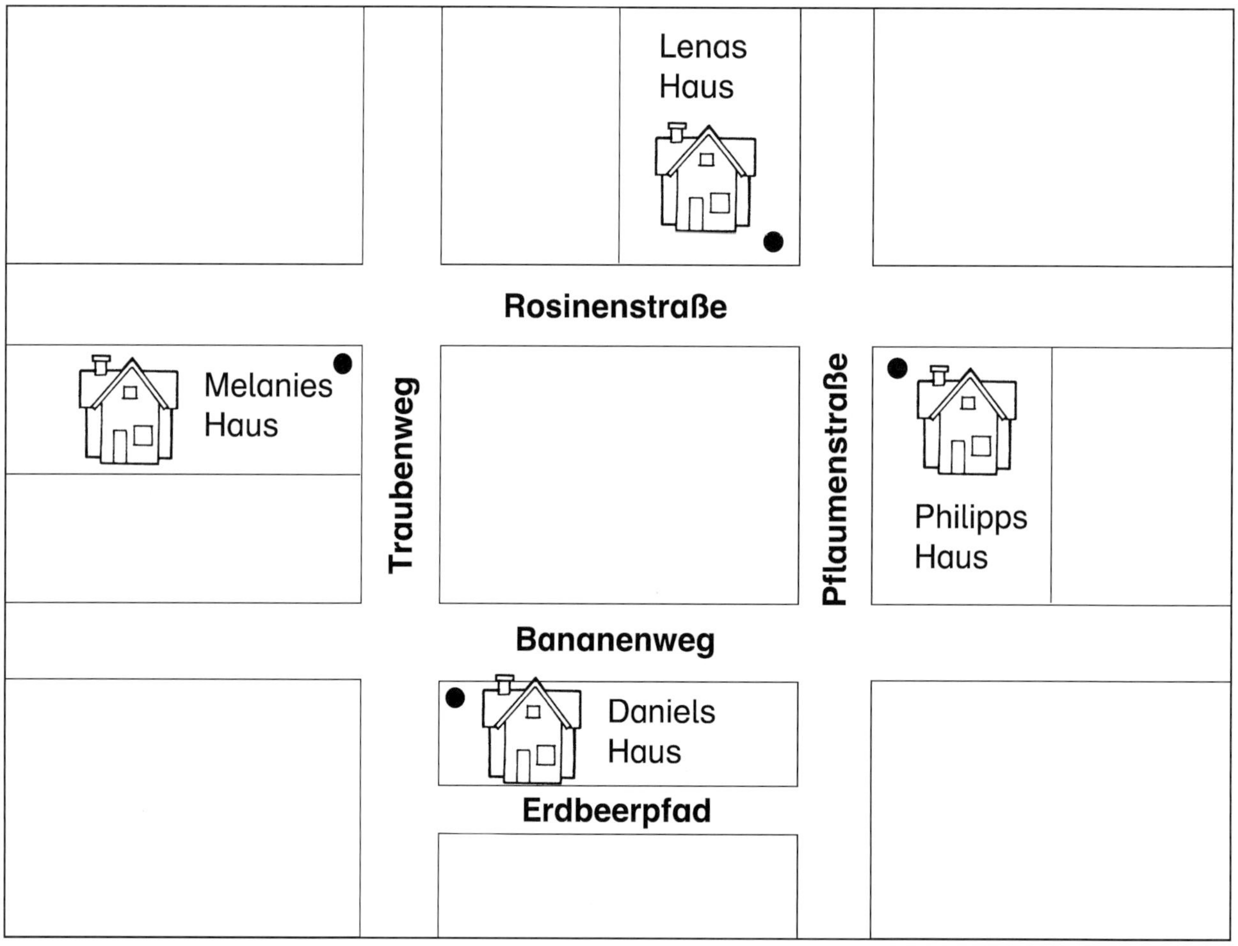

Illustrationen: © Howard Chaney
© Verlag an der Ruhr | Autorin: Mary Rosenberg | ISBN 978-3-8346-2454-3 | www.verlagruhr.de

Urlaubsplanung

Schreibe einfache Wegbeschreibungen auf ein Blatt, mit denen du von einem Ort zum Nächsten kommst. Verwende dabei die Wörter: *Osten, Westen, Süden, Norden.*

Beispiel: Vom Buchladen zum Reisebüro:
Gehe 6 Schritte nach **Westen**. Gehe dann 4 Schritte nach **Norden**.

1. Vom Passbildladen zum Busunternehmen: ....

....

2. Vom Fotogeschäft zum Reisebüro: ....

....

3. Vom Busunternehmen zum Buchladen: ....

....

4. Vom Ticketverkauf zu den Kreuzfahrten: ....

....

5. Vom Buchladen zum Kofferladen: ....

....

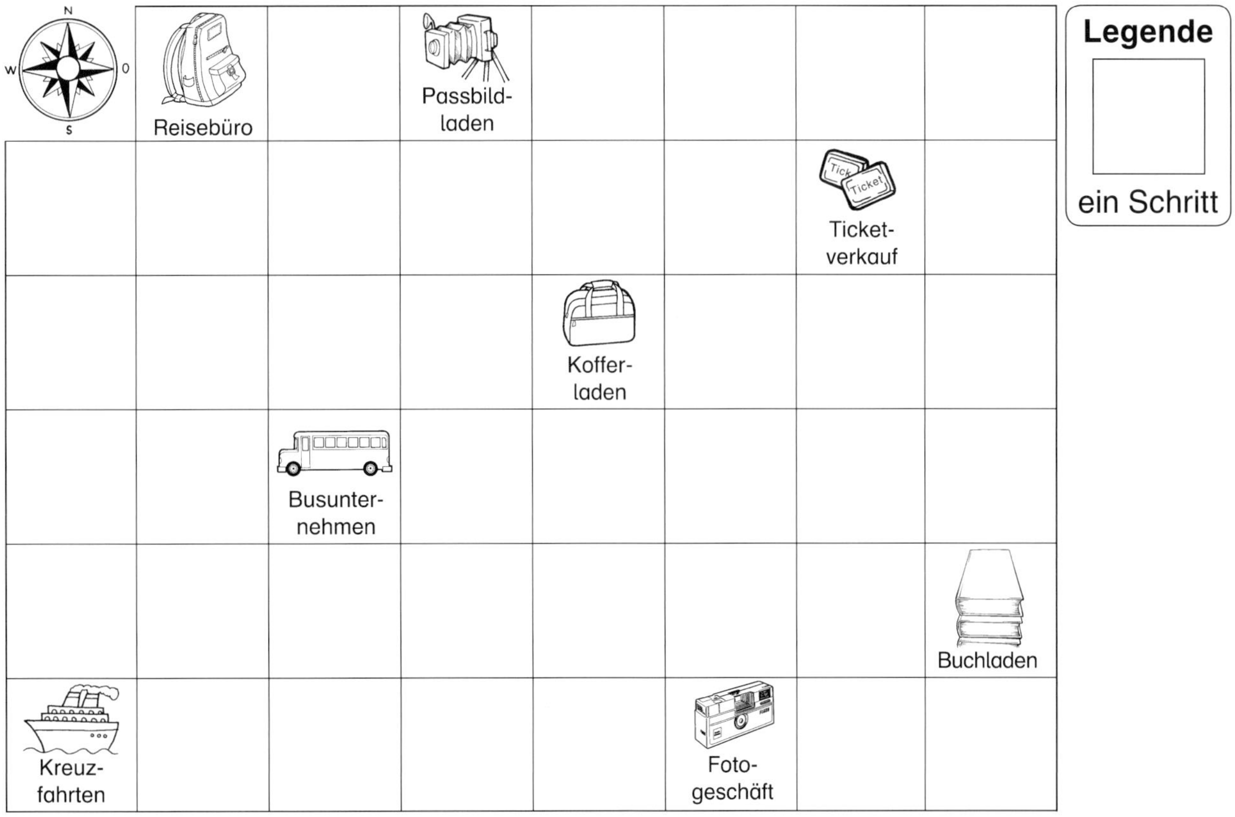

N W O S	Reisebüro		Passbild-laden				
						Ticket-verkauf	
				Koffer-laden			
		Busunter-nehmen					
							Buchladen
Kreuz-fahrten					Foto-geschäft		

Legende
☐ ein Schritt

© Verlag an der Ruhr | Autorin: Mary Rosenberg | ISBN 978-3-8346-2454-3 | www.verlagruhr.de

Norden, Süden, Osten und Westen

Sieh dir die Karte an und beantworte die Frage.

1. Welche Gebäude liegen nördlich der Kastanienallee? ....

....

2. Welche Gebäude liegen südlich der Kastanienallee? ....

....

3. Welche Gebäude liegen westlich der Birkenstraße? ....

....

4. Welche Gebäude liegen östlich der Birkenstraße? ....

....

In welche Richtung zeigen die folgenden Pfeile?

5. ↑ .... **6.** ← .... **7.** ↓ .... **8.** → ....

Polizei	Birkenstraße	Bücherei
Kastanienallee	N / W / O / S	Kastanienallee
Bank	Birkenstraße	Feuerwehr

Illustrationen: © Howard Chaney
© Verlag an der Ruhr | Autorin: Mary Rosenberg | ISBN 978-3-8346-2454-3 | www.verlagruhr.de

Folge den Himmelsrichtungen

Male die Dinge entsprechend der Beschreibungen an.

1. Male den Ball südlich von dem Mädchen rot an.
2. Male das Skateboard östlich von dem Rucksack orange an.
3. Male den Rucksack westlich von dem Jungen gelb an.
4. Male den Ball südlich von dem Rucksack grün an.
5. Male das Skateboard nördlich von dem Bleistift blau an.
6. Male den Rucksack östlich von dem Mädchen lila an.

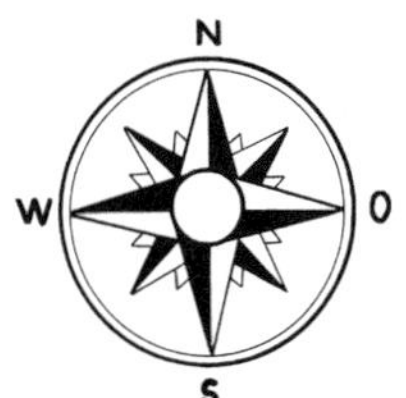

Wegbeschreibungen geben

Schreibe zwei verschiedene Beschreibungen dafür auf, wo sich die Tiere befinden.

Beispiel: Truthahn	**1.** Schwein
Der Truthahn ist nördlich vom Bär. Der Truthahn ist links vom Lamm.	....
2. Bulldogge	**3.** Katze
....	....
4. Kuh	**5.** Schildkröte
....	....

Genauere Wegbeschreibungen

Erkläre, wo die Gebäude stehen. Benutze dazu die genaue Angabe der Himmelsrichtungen.

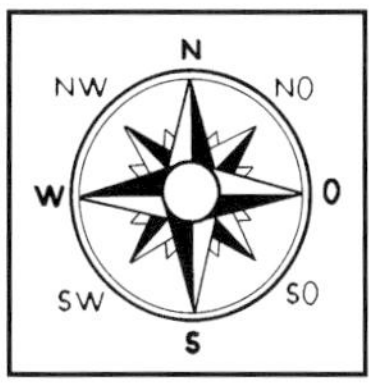

Tipp: Neben Norden, Süden, Osten und Westen gibt es auch Nordwesten, Nordosten, Südwesten, Südosten.

1. Das Sportgeschäft liegt .... der Bücherei.

2. Der Campingplatz liegt .... des Supermarkts.

3. Das Kino liegt .... der Bücherei.

4. Das Restaurant liegt .... des Supermarkts.

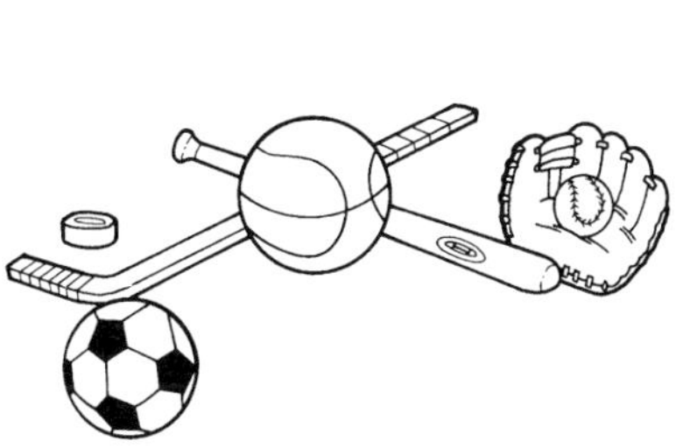

Sportgeschäft

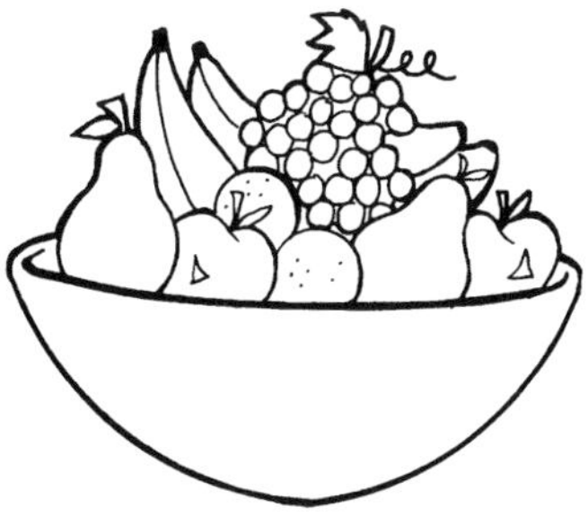

Supermarkt

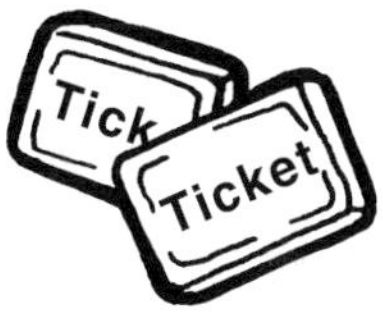

Kino

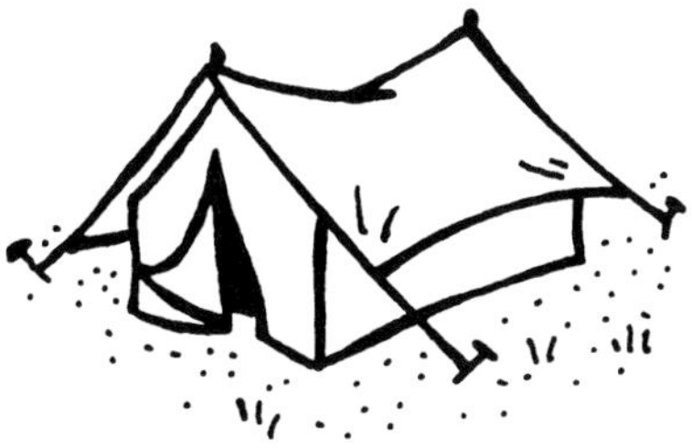

Campingplatz

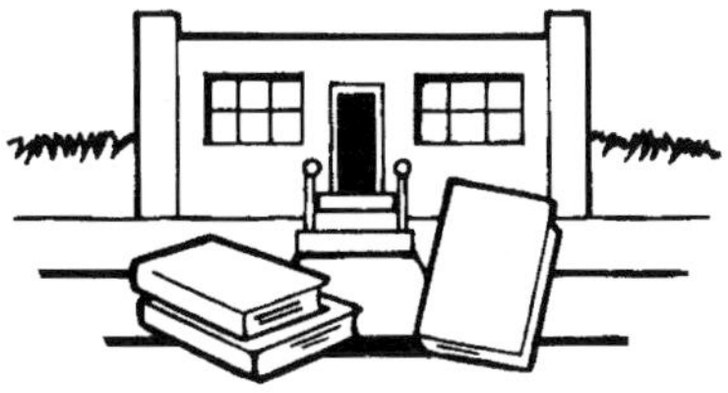

Bücherei

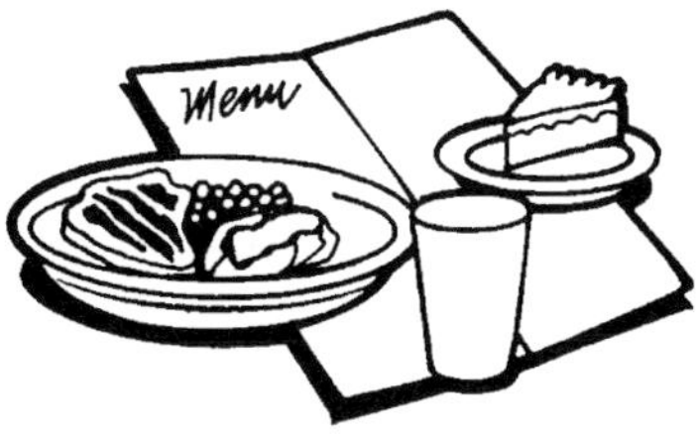

Restaurant

Illustrationen: © Howard Chaney

Die Pizzafabrik

Beantworte die Fragen mithilfe der Zeichnungen.

1. Was liegt südlich vom Käse? ....

2. Was liegt westlich von der Ananas? ....

3. Was liegt östlich vom Gemüse? ....

4. Was liegt westlich von der Salami? ....

5. Was ist links von der Ananas? ....

6. Was ist über der Tomatensoße? ....

7. Was ist unterhalb vom Teig? ....

8. Was ist zwischen der Ananas und dem Gemüse? ....

9. Was ist rechts vom Teig? ....

10. Was ist links von der Tomatensoße? ....

11. Was liegt nordwestlich von der Tomatensoße? ....

12. Was liegt nördlich von der Ananas und östlich von der Salami?

....

13. Was liegt südwestlich vom Käse? ....

14. Was liegt südöstlich vom Teig? ....

15. Was liegt südlich vom Teig und westlich von der Tomatensoße?

....

Teig 	Salami 	Käse 
Gemüse 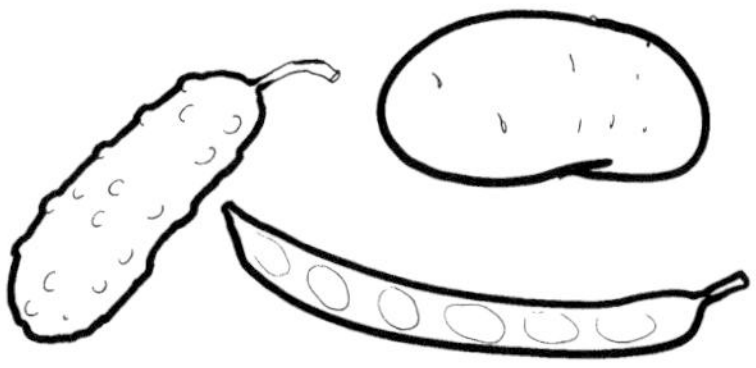	Tomatensoße 	Ananas 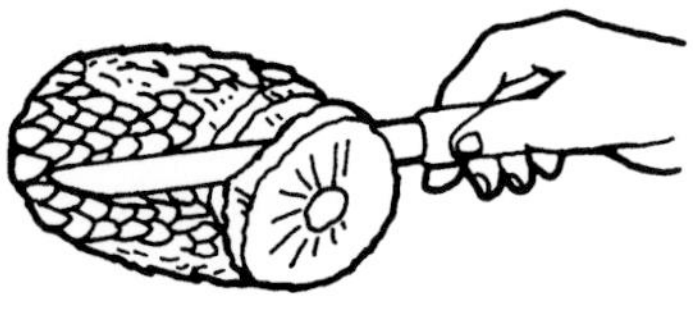

Schriftliche Wegbeschreibungen

Schreibe in dein Heft, wie man zu den einzelnen Orten kommt.

Beispiel: Vom Fels zum Zelt

➡ Gehe nach Norden.

➡ Biege nach rechts ab und gehe über die Brücke.

➡ Biege nach rechts ab und gehe nach Süden.

Diese Wörter helfen dir

Neben | Osten | links | in der Nähe von | Norden | über
rechts | Süden | geradeaus | unter | Westen

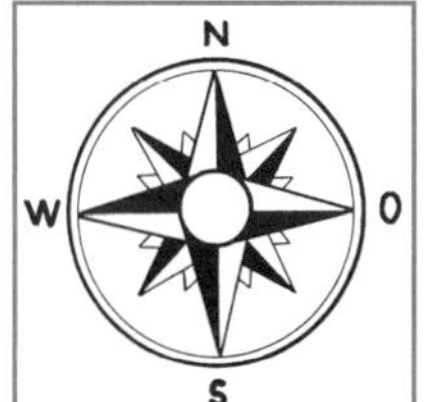

1. Vom Picknickplatz zur Hütte
2. Von der Höhle zum Zelt
3. Von der Wiese zu den Bergen
4. Vom Wald zur Höhle
5. Vom Kanuverleih zur Wiese
6. Von der Brücke zum Fels

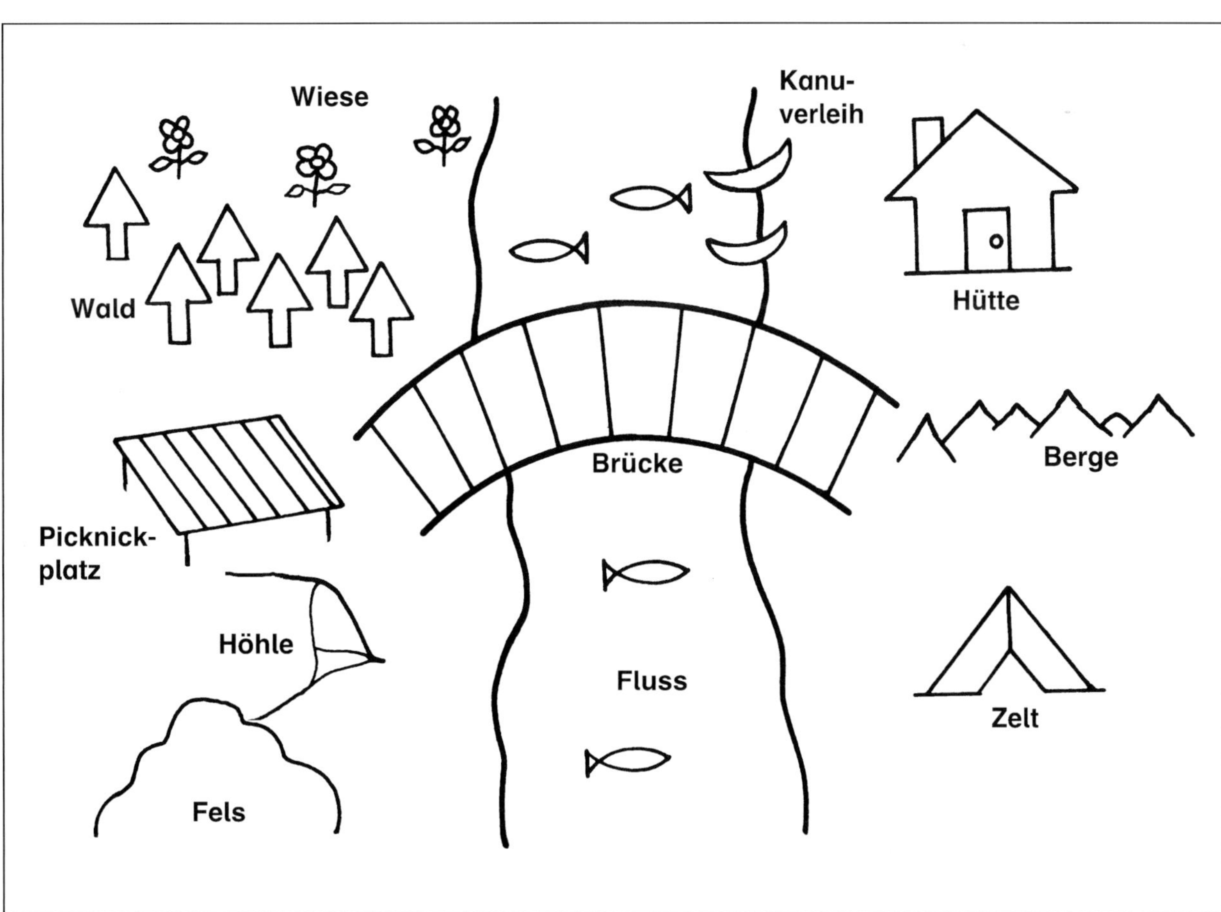

Illustrationen: © Howard Chaney
© Verlag an der Ruhr | Autorin: Mary Rosenberg | ISBN 978-3-8346-2454-3 | www.verlagruhr.de

Entfernungen – 1

Miss mit einem Lineal die Entfernungen zwischen den Dingen. Rechne in Meter um.

Maßstab: 1 Zentimeter (cm) = 5 Meter (m)

1. Vom Tennisschläger zum Tennisplatz .... cm = ... m
2. Von der Ballerina zur Ballettstange .... cm = ... m
3. Vom Fußball zum Sportplatz .... cm = ... m
4. Vom Hockeyschläger zum Sportplatz .... cm = ... m
5. Vom Basketballspieler zum Basketballplatz .... cm = ... m
6. Vom Drachen zum Sportplatz .... cm = ... m

Maßstab 1 cm = 5 m

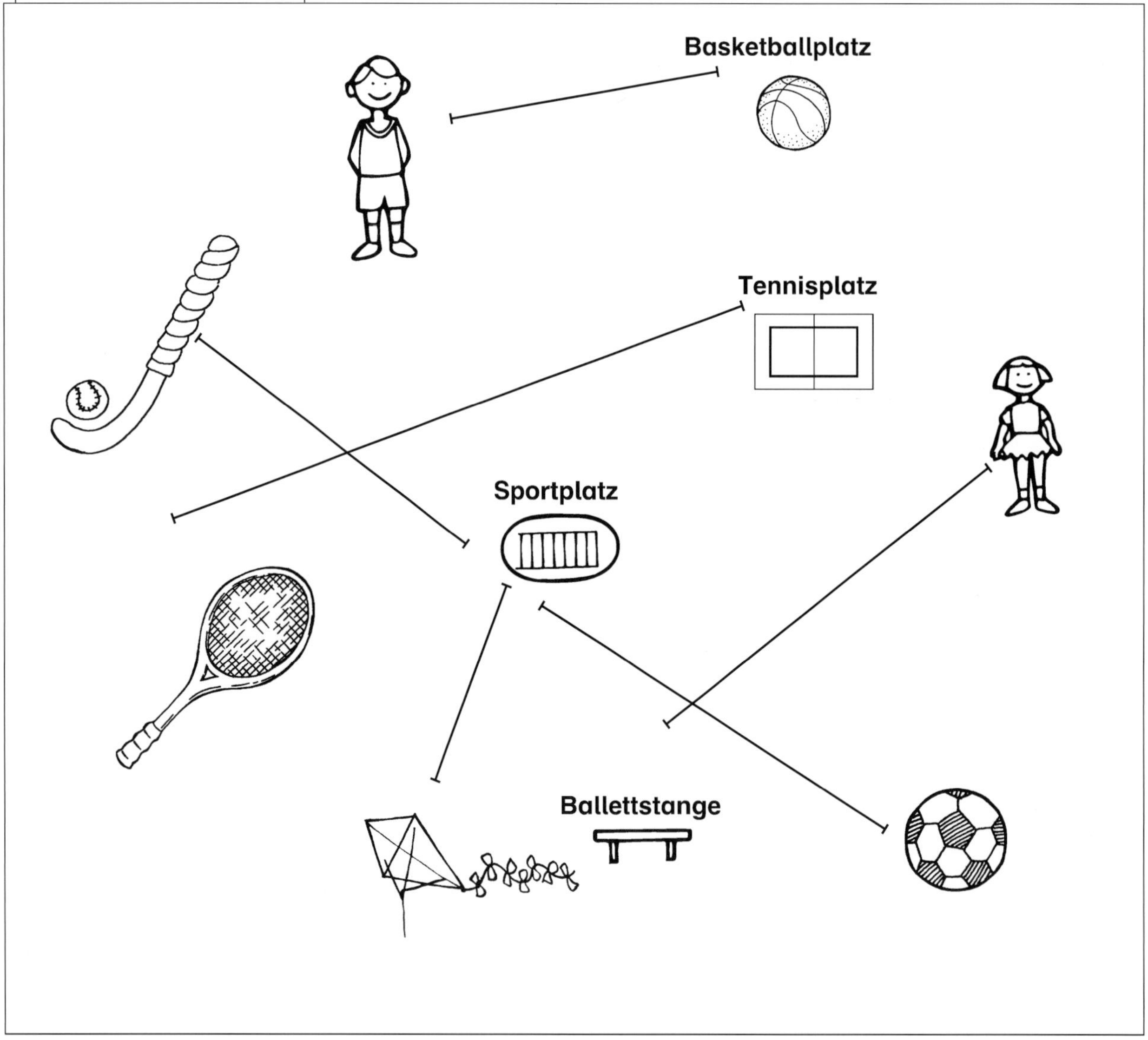

Basketballplatz

Tennisplatz

Sportplatz

Ballettstange

Entfernungen – 2

Miss mit einem Lineal die Entfernungen zwischen den Orten und beantworte die Fragen. Rechne in Meter um.

Maßstab: 1 Zentimeter (cm) = 10 Meter (m)

1. Wie viele Meter sind es vom Zoo zum Supermarkt?

.... cm = ... m

2. Wie viele Meter sind es vom Baumarkt zum Bastelladen?

.... cm = ... m

3. Wie viele Meter sind es vom Skate-Park zur Gärtnerei?

.... cm = ... m

4. Wie viele Meter sind es vom Baumarkt zum Supermarkt?

.... cm = ... m

Maßstab 1 cm = 10 m

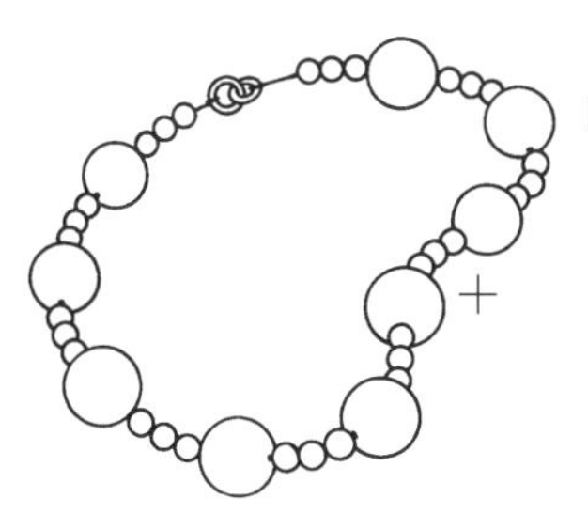

Bastelladen

Gärtnerei

Skate-Park

Baumarkt

Supermarkt

Zoo

Illustrationen: © Howard Chaney

Wie kommst du ans Ziel?

Schreibe auf, wie man von einem Gegenstand zum anderen kommt.
Du darfst nur nach links, rechts, oben und unten gehen.

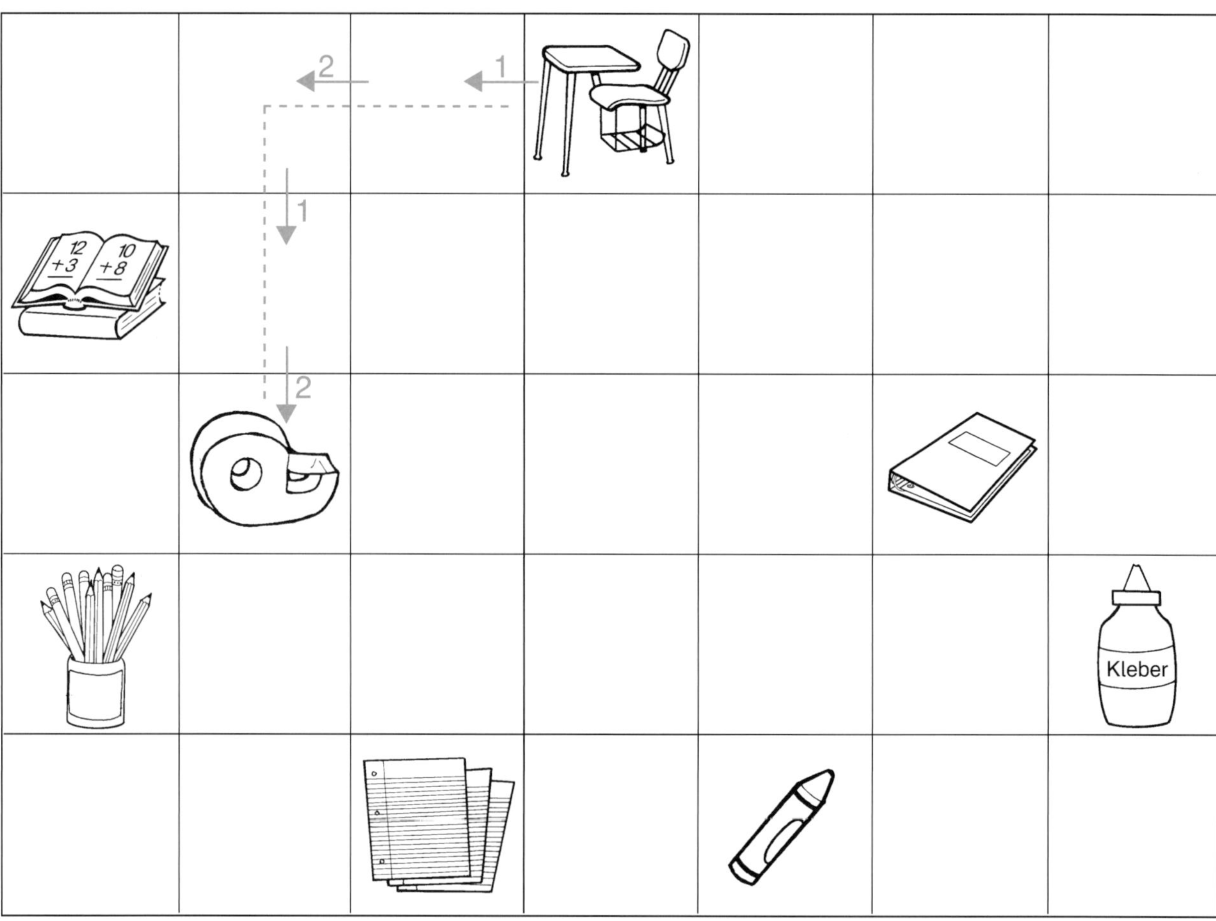

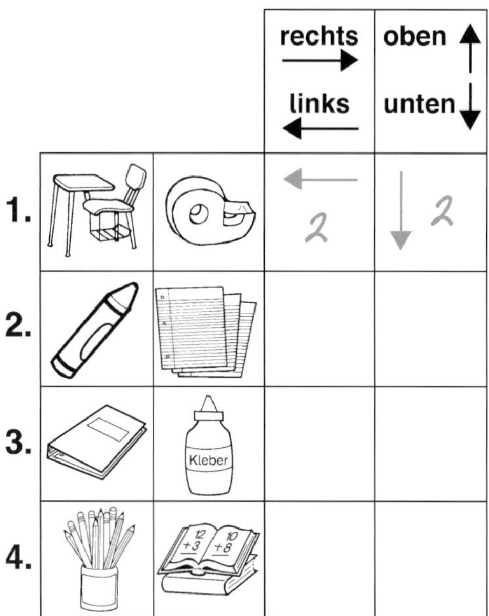

			rechts → links ←	oben ↑ unten ↓
5.				
6.	Kleber			
7.				
8.				

Illustrationen: © Howard Chaney
© Verlag an der Ruhr | Autorin: Mary Rosenberg | ISBN 978-3-8346-2454-3 | www.verlagruhr.de

Welche Position?

Schreibe die Position der Gegenstände auf.
Das Beispiel hilft dir dabei.

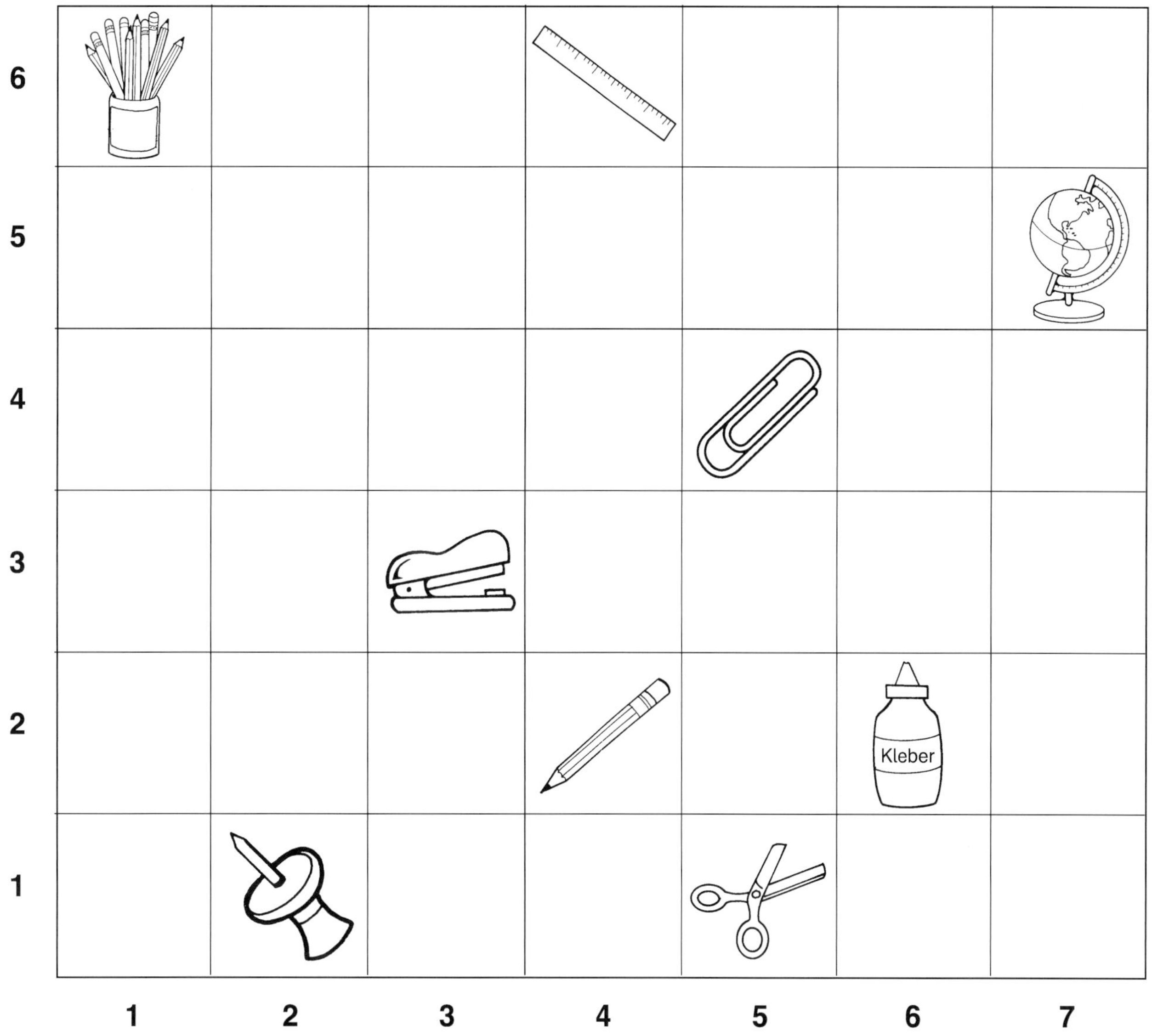

6	Stifte			Lineal			
5							Globus
4					Büroklammer		
3			Tacker				
2				Bleistift		Kleber	
1		Pinnnadel			Schere		
	1	2	3	4	5	6	7

		nach rechts →	nach oben ↑
1. 	Pinnnadel	2	1
2. 	Globus		
3. 	Tacker		

		nach rechts →	nach oben ↑
4. 	Büroklammer		
5. 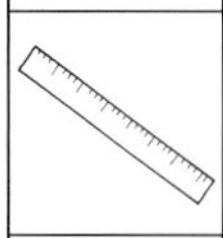	Lineal		
6. 	Kleber		

		nach rechts →	nach oben ↑
7. 	Bleistift		
8. 	Schere		
9. 	Stifte		

Illustrationen: © Howard Chaney
© Verlag an der Ruhr | Autorin: Mary Rosenberg | ISBN 978-3-8346-2454-3 | www.verlagruhr.de

Koordinaten

Schreibe die Koordinaten für die Tiere auf.
Die Koordinaten beschreiben die Position des Gegenstandes.

Achtung: Gehe zuerst nach rechts und danach nach oben.

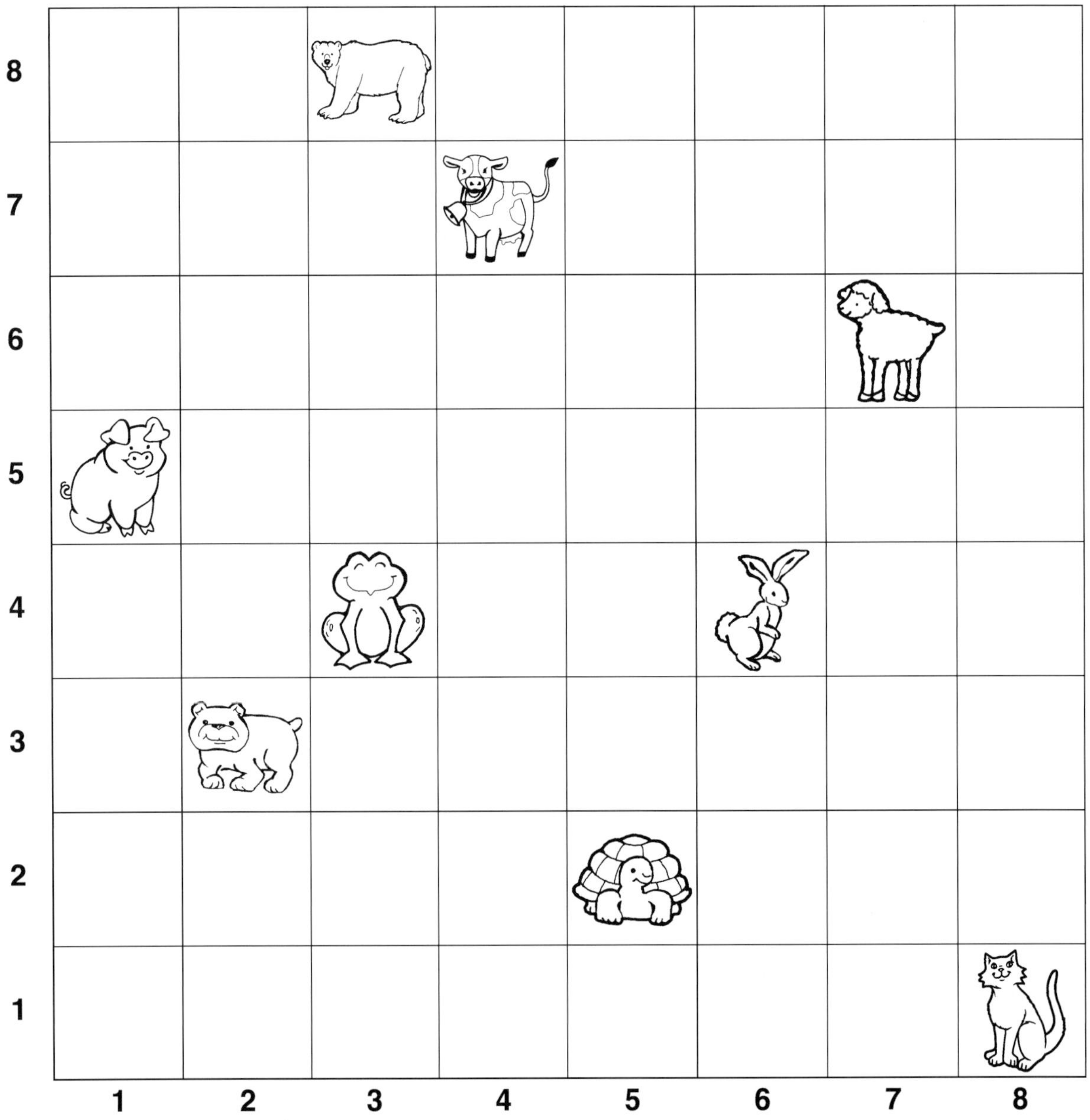

8								
7								
6								
5								
4								
3								
2								
1								
	1	2	3	4	5	6	7	8

1. (6 / 4)

2. (____ / ____)

3. (____ / ____)

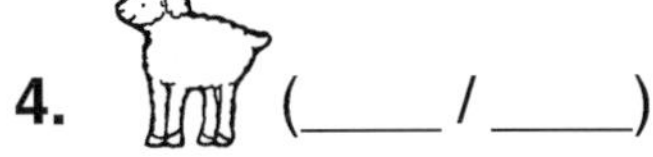
4. (____ / ____)

5.  (____ / ____)

6.  (____ / ____)

7. (____ / ____)

8.  (____ / ____)

9.  (____ / ____)

Illustrationen: © Howard Chaney

Jede Form hat ihren Platz

Finde die richtigen Koordinaten.
Zeichne die Formen dort ein, wo sie hingehören.

Achtung: Gehe zuerst nach rechts und danach nach oben.

8								
7								
6								
5								
4								
3								
2								
1								
	1	**2**	**3**	**4**	**5**	**6**	**7**	**8**

1.  (2 / 7)

2. (5 / 1)

3. (4 / 1)

4. (6 / 8)

5. (3 / 5)

6. (5 / 3)

7. (1 / 4)

8. (1 / 3)

9. (6 / 6)

Sport und Spiel

Diese Sportgeräte liegen in Planquadraten.
Nenne zuerst den Buchstaben und dann die Zahl.

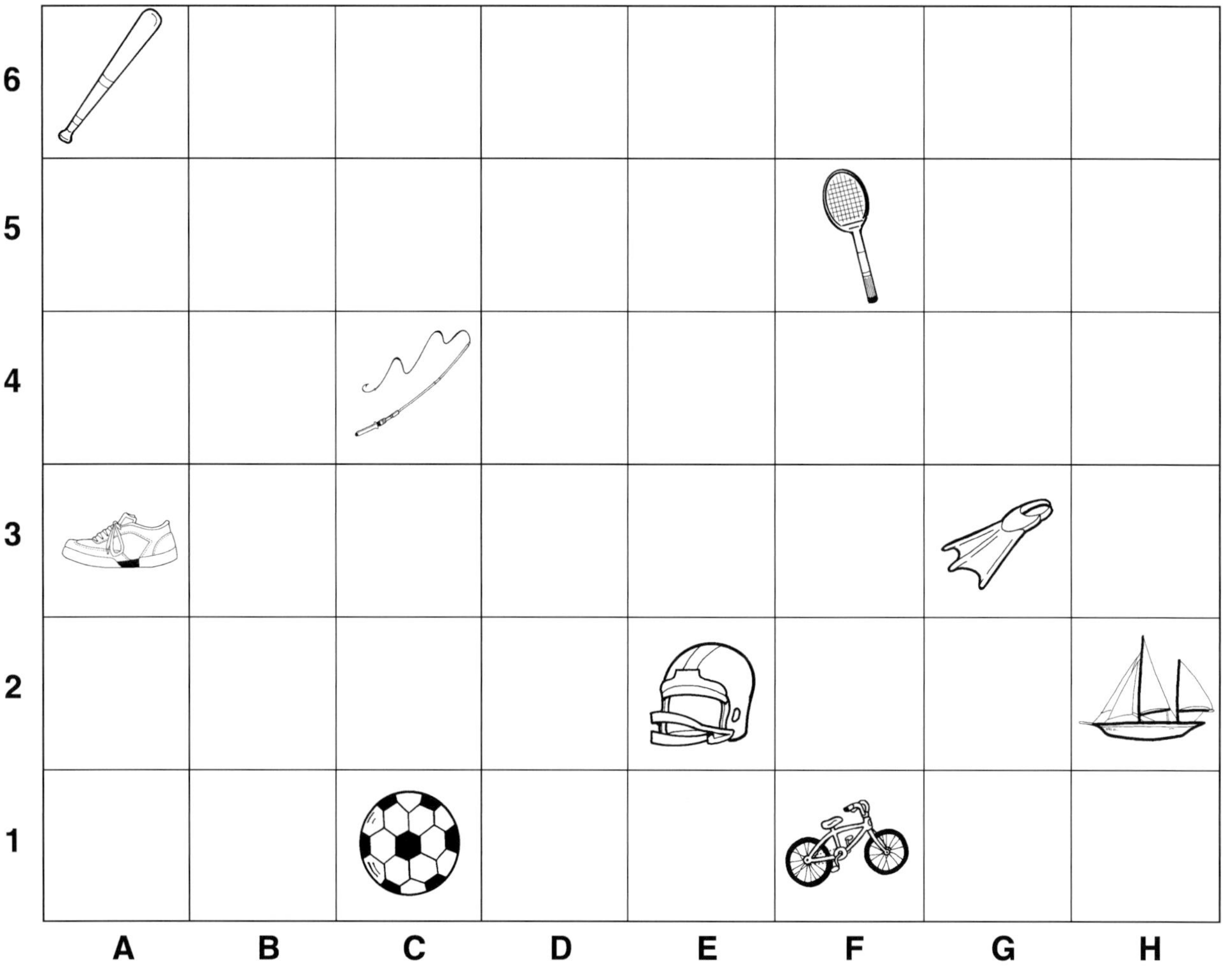

6								
5								
4								
3								
2								
1								
	A	**B**	**C**	**D**	**E**	**F**	**G**	**H**

Illustrationen: © Howard Chaney
© Verlag an der Ruhr | Autorin: Mary Rosenberg | ISBN 978-3-8346-2454-3 | www.verlagruhr.de

Der Golfplatz

Das alles gibt es auf dem Golfplatz.
Schreibe die Planquadrate auf.

Achtung: Manchmal sind es mehrere Planquadrate.

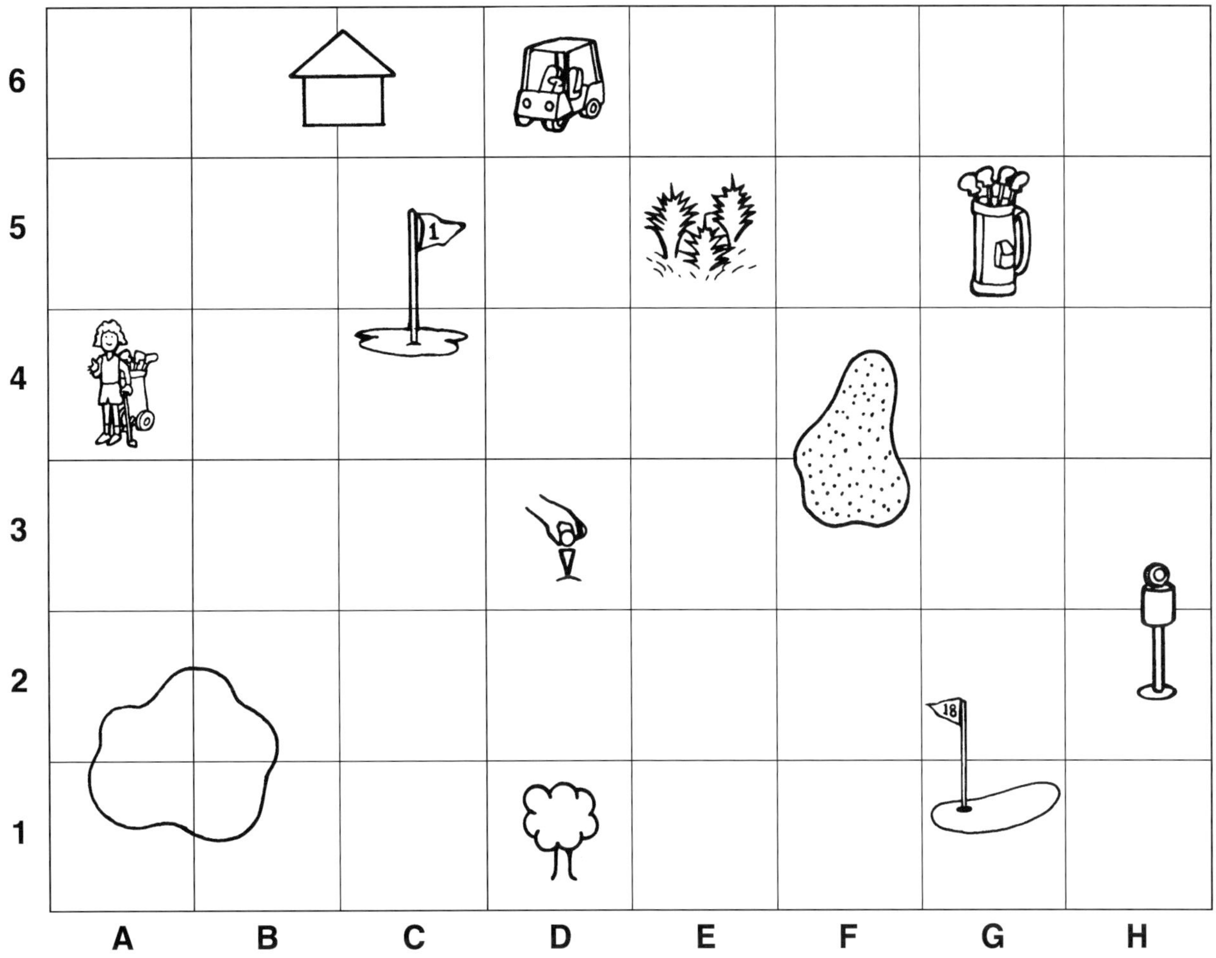

6								
5								
4								
3								
2								
1								
	A	B	C	D	E	F	G	H

Straßen in der Stadt

Was befindet sich in folgenden Planquadraten?

1. C 3 ....

2. H 5 ....

3. C 2 ....

4. H 2 ....

5. F 5 ....

6. C 7 ....

Welche Straßen verlaufen durch folgende Planquadrate?

7. C 6 ....

8. G 4 ....

9. B 1 ....

10. C 2 ....

11. D 5 ....

12. C 4 ....

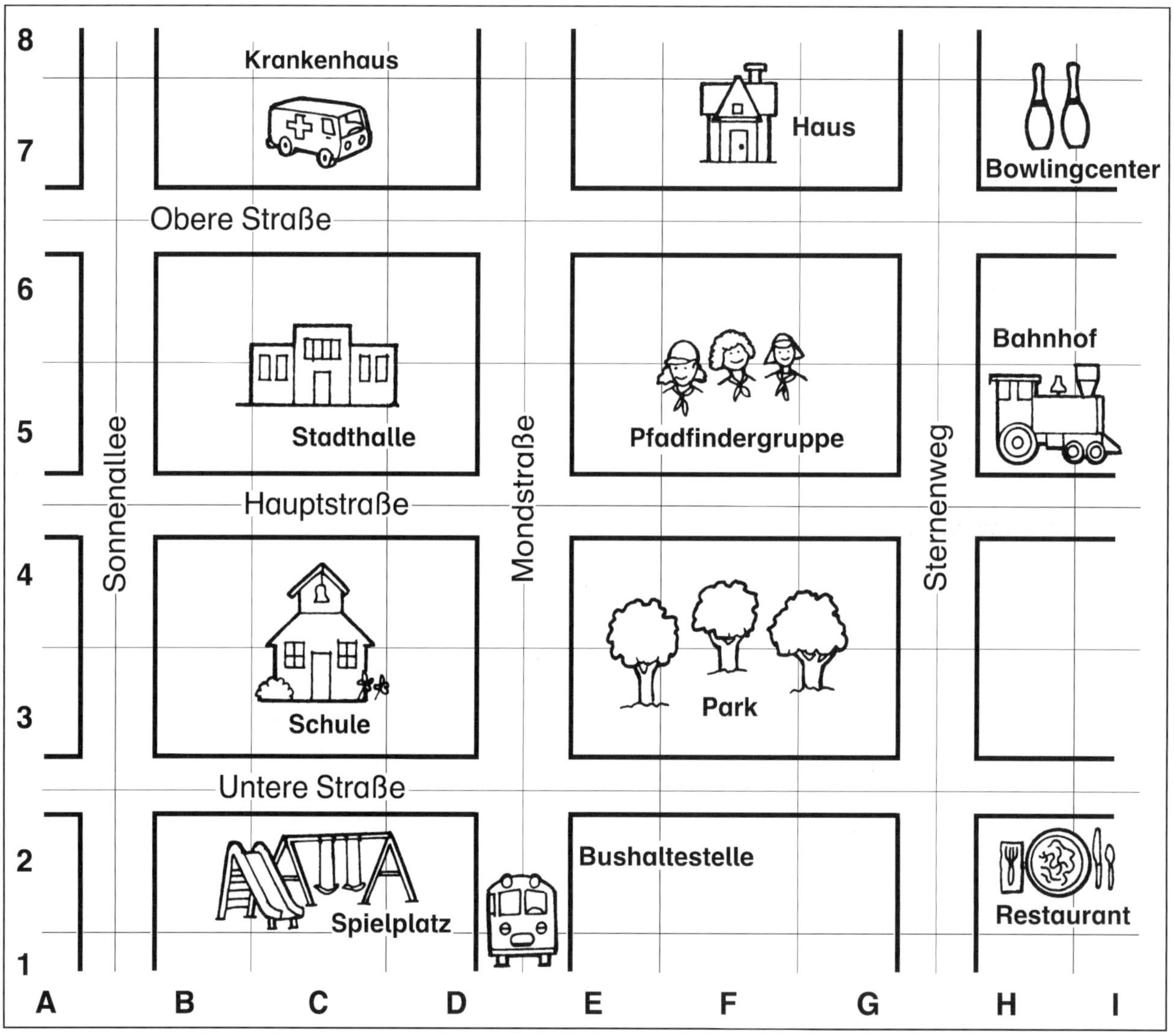

Krankenhaus
Haus
Bowlingcenter
Obere Straße
Bahnhof
Stadthalle
Pfadfindergruppe
Sonnenallee
Mondstraße
Sternenweg
Hauptstraße
Schule
Park
Untere Straße
Spielplatz
Bushaltestelle
Restaurant

8, 7, 6, 5, 4, 3, 2, 1

A B C D E F G H I

Illustrationen: © Howard Chaney
© Verlag an der Ruhr | Autorin: Mary Rosenberg | ISBN 978-3-8346-2454-3 | www.verlagruhr.de

Verschiedene Fahrzeuge

Wie kannst du zu den Fahrzeugen gelangen?
Folge den Wegbeschreibungen.

Wegbeschreibung Nr. 1
1. Starte bei A.
2. Gehe 3 Kästchen nach Süden.
3. Gehe 4 Kästchen nach Osten.
4. Schreibe hier das Fahrzeug auf:

....

Wegbeschreibung Nr. 2
1. Starte bei B.
2. Gehe 1 Kästchen nach Norden.
3. Gehe 4 Kästchen nach Westen.
4. Schreibe hier das Fahrzeug auf:

....

Wegbeschreibung Nr. 3
1. Starte bei C.
2. Gehe 2 Kästchen nach Süden.
3. Gehe 2 Kästchen nach Westen.
4. Schreibe hier das Fahrzeug auf:

....

Wegbeschreibung Nr. 4
1. Starte bei D.
2. Gehe 5 Kästchen nach Norden.
3. Gehe 1 Kästchen nach Osten.
4. Schreibe hier das Fahrzeug auf:

....

N W O S	A		Taxi				Rennwagen
							B
	Polizeiauto						
		C			Bus		
Feuerwehrwagen			Zug			D	

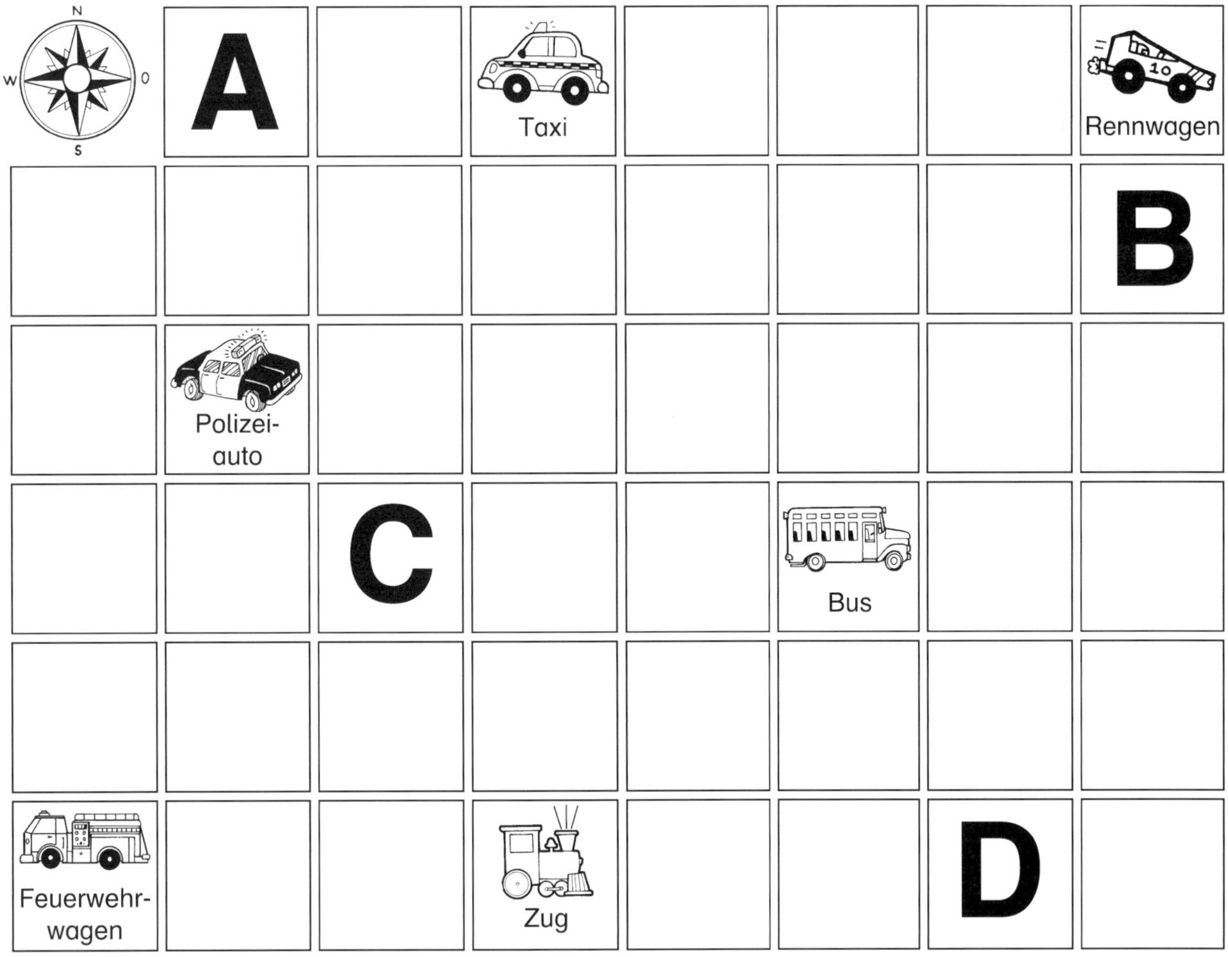

Illustrationen: © Howard Chaney
© Verlag an der Ruhr | Autorin: Mary Rosenberg | ISBN 978-3-8346-2454-3 | www.verlagruhr.de

Auf der Bundesstraße

Sieh dir die Karte an und beantworte die Fragen.

1. An welcher Bundesstraße ist eine Tankstelle? ....

2. Welches Straßenschild ist an der Bundesstraße 8? ....

....

3. An welcher Bundesstraße liegt Langdorf? ....

4. An welcher Bundesstraße gibt es Seitenwind? ....

5. Welches Straßenschild ist in der Nähe von Sauberstadt?

....

6. Welche Bundesstraßen kreuzen Zugschienen? ....

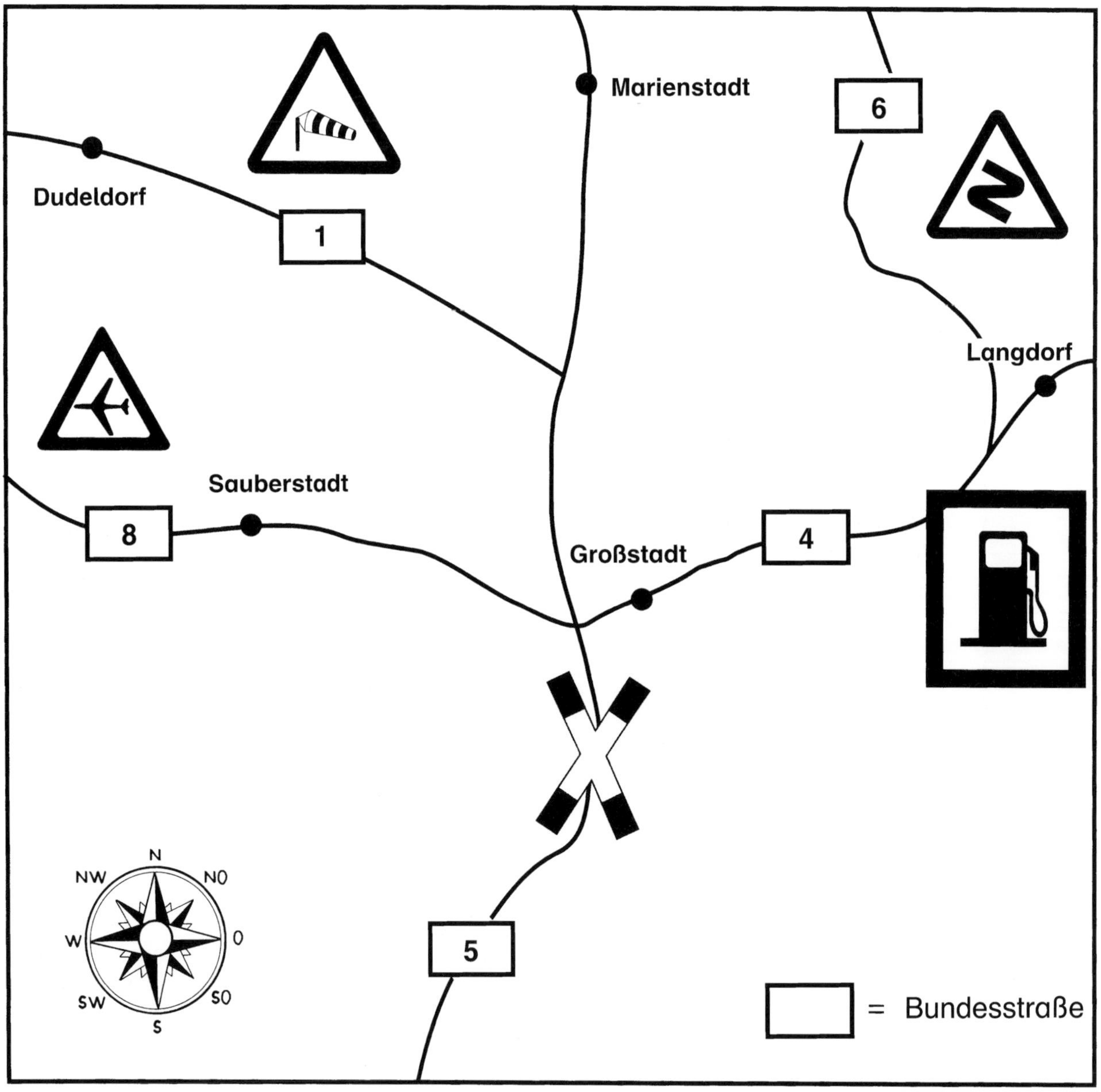

Marienstadt
6
Dudeldorf
1
Langdorf
Sauberstadt
8
Großstadt
4
N
NW
NO
W
O
SW
SO
S
5
= Bundesstraße

Ausflugsziele

Wie kommst du von einem Ausflugsziel zum nächsten?

Beispiel: Vom Wunschbrunnen zum Fußballstadion:
Fahre auf der Bundesstraße 8 nach Osten, dann auf der Bundesstraße 2 nach Süden. Wechsle dann auf die Bundesstraße 1 nach Osten.

1. Von der Goldmine zum Vulkan: ....

....

2. Von der Käserei zur Geisterstadt: ....

....

3. Von der Schokoladenfabrik zum Wunschbrunnen: ....

....

4. Von der Geisterstadt zum Fußballstadion: ....

....

5. Vom Wunschbrunnen zur Käserei: ....

....

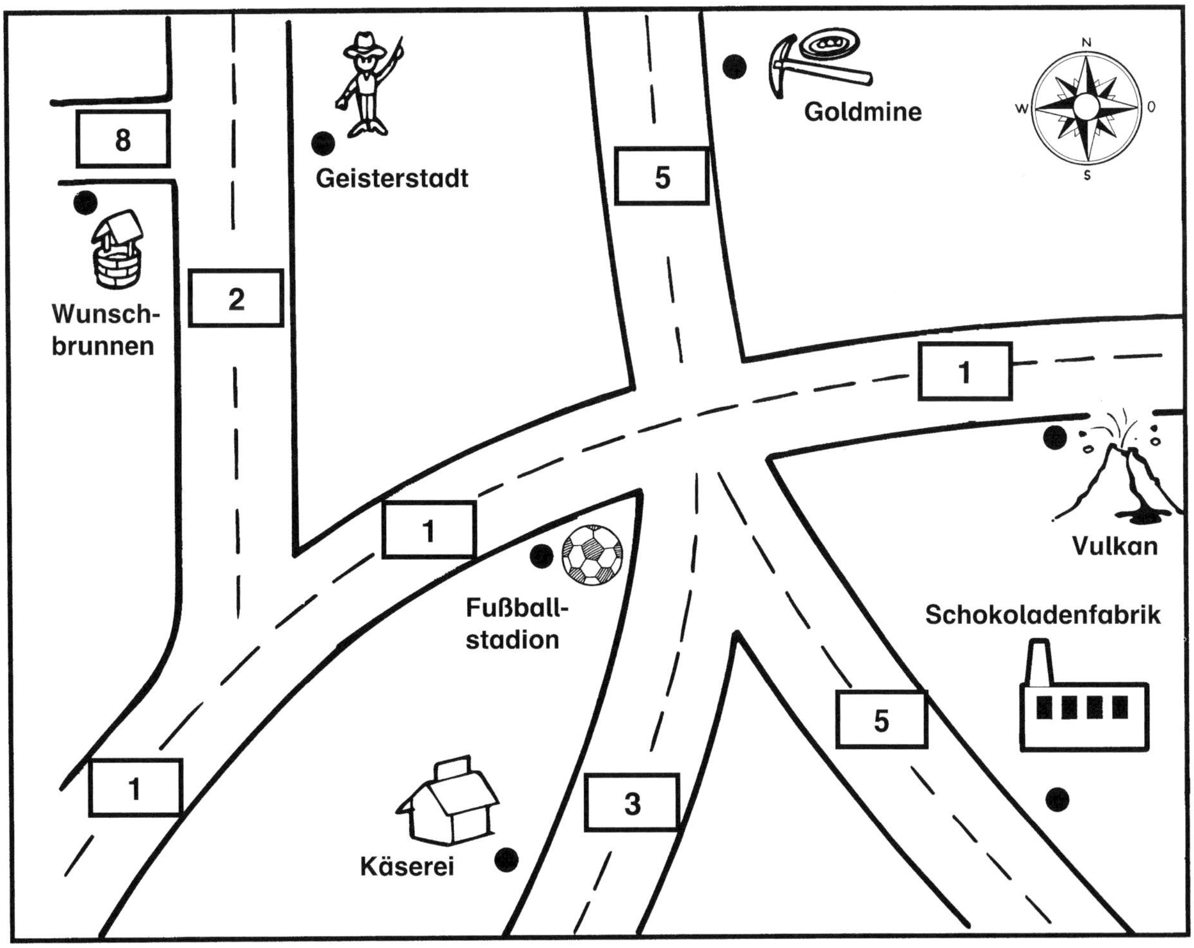

8
Geisterstadt
Goldmine
N
W
O
S
5
Wunsch-
brunnen
2
1
1
Vulkan
Fußball-
stadion
Schokoladenfabrik
5
1
3
Käserei

Illustrationen: © Howard Chaney

Versteckter Schatz

Folge der Wegbeschreibung.
Zeichne den Weg zum Schatz ein. Starte bei X.

Wegbeschreibung:

1. Gehe nach oben und nach links über die Baumkrone der 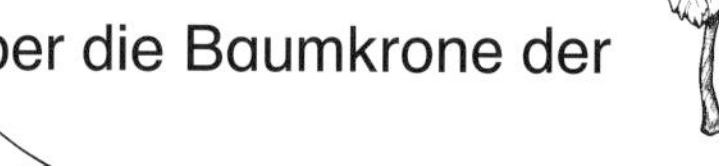 .

2. Gehe nach Westen, vorbei zum .

3. Gehe zwischen den durch.

4. Halte am an.

5. Gehe um die nördliche Seite der herum.

6. Gehe nach Süden, bis du zum kommst.

7. Gehe unterhalb des vorbei.

8. Gehe nach Norden, an der westlichen Seite der vorbei.

9. Gehe nach Norden, bis du den Schatz erreichst.

Deutschlandkarte – 1

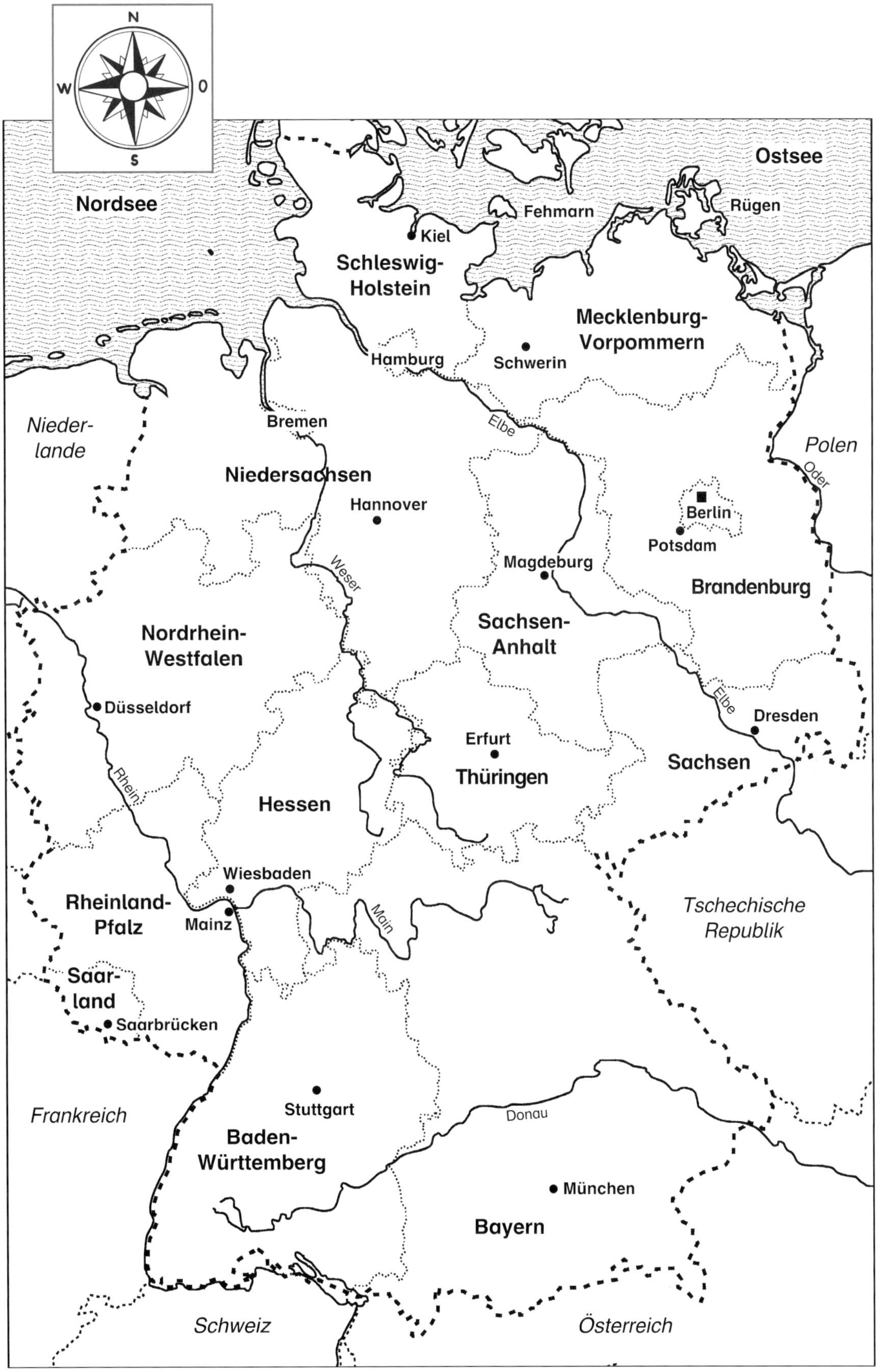

N
W
O
S

Nordsee
Ostsee
Fehmarn
Rügen
Kiel
Schleswig-Holstein
Mecklenburg-Vorpommern
Hamburg
Schwerin
Elbe
Bremen
Nieder-lande
Niedersachsen
Polen
Oder
Hannover
Berlin
Potsdam
Weser
Magdeburg
Brandenburg
Nordrhein-Westfalen
Sachsen-Anhalt
Düsseldorf
Dresden
Erfurt
Sachsen
Rhein
Thüringen
Hessen
Wiesbaden
Rheinland-Pfalz
Mainz
Main
Tschechische Republik
Saar-land
Saarbrücken
Stuttgart
Frankreich
Donau
Baden-Württemberg
München
Bayern
Schweiz
Österreich

Landkarte: © Astrid Wilkesmann; Windrose: © Howard Chaney
© Verlag an der Ruhr | Autorin: Mary Rosenberg | ISBN 978-3-8346-2454-3 | www.verlagruhr.de

Deutschlandkarte – 2

**Sieh dir die Karte von Deutschland an.
Sie hilft dir dabei, diese Aufgaben zu bearbeiten:**

1. In welchem Bundesland wohnst du?
Male es rot an und notiere es.

2. Wie heißt die Landeshauptstadt deines Bundeslandes?
Unterstreiche den Städtenamen und notiere ihn.

3. Welche Bundesländer grenzen an dein Bundesland?
Male sie gelb an und notiere sie.

4. Wie heißt das Land nördlich von Deutschland?
Male es orange an und notiere es.

5. Wie heißen die Länder westlich von Deutschland?
Male sie grün an und notiere sie.

6. Wie heißen die Länder östlich von Deutschland?
Male sie rosa an und notiere sie.

7. Wie heißen die Länder südlich von Deutschland?
Male sie lila an und notiere sie.

8. Wie heißt das Meer, das an Schleswig-Holstein und die Niederlande grenzt?
Male es blau an und notiere es.

9. Welcher Fluss fließt durch Baden-Württemberg, Bayern und Österreich?
Male ihn mit rot nach und notiere ihn.

Die Erde

Schaue dir die Weltkarte an.
Bearbeite dann die Aufgaben.

Die Linien gibt es in Wirklichkeit nicht. Man nennt sie **Längen- und Breitengrade**.
Die gestrichelte Linie hat einen eigenen Namen. Sie heißt **Äquator**.
Der Äquator teilt die Erde in zwei Hälften.
Jede Hälfte heißt **Halbkugel** oder **Hemisphäre**.

Achtung: Manche Kontinente liegen nördlich und südlich des Äquators.

1. Male den Äquator rot an.
2. Male die Kontinente gelb an, die nördlich des Äquators liegen.

   Sie heißen: ....

3. Male die Kontinente grün an, die südlich des Äquators liegen.

   Sie heißen: ....

4. Die Meere auf dieser Karte heißen:

   ....

   Male die Meere blau an.

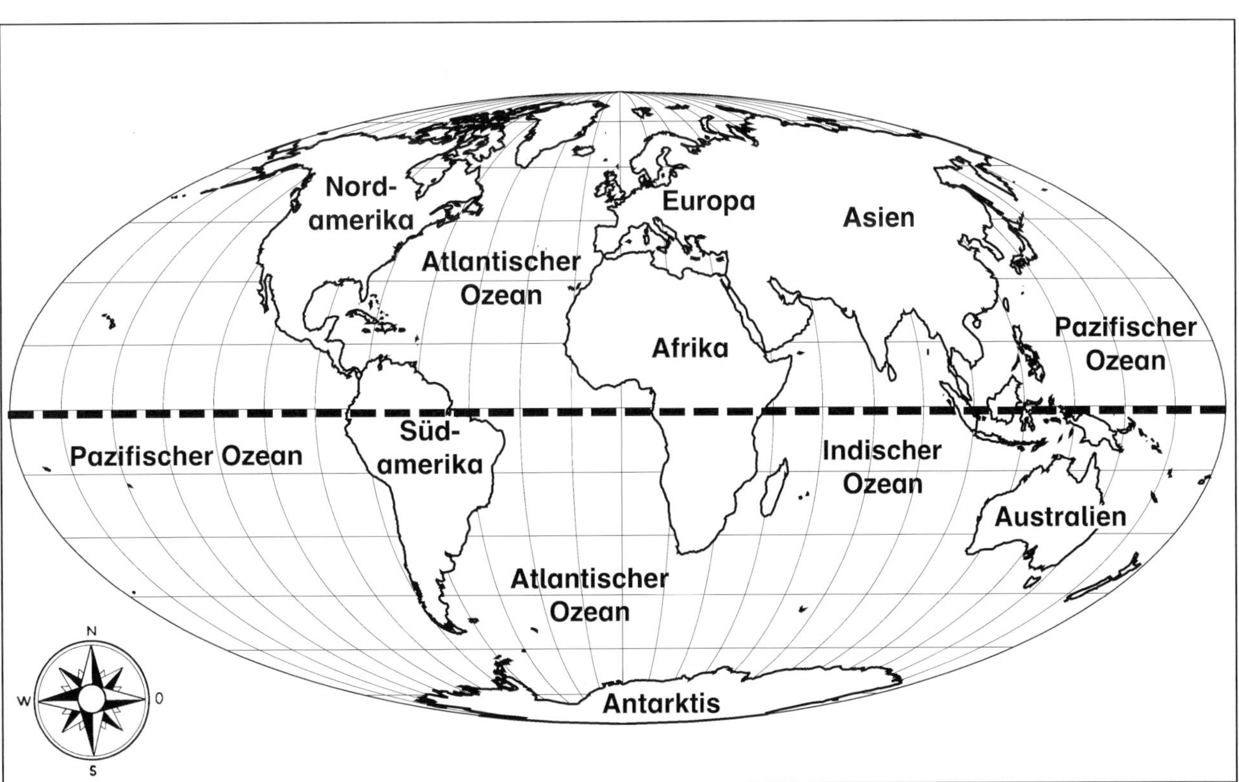

Illustrationen: © Howard Chaney
© Verlag an der Ruhr | Autorin: Mary Rosenberg | ISBN 978-3-8346-2454-3 | www.verlagruhr.de

Kontinente und Meere

Der Großteil der Erde ist von Wasser bedeckt.
Diese riesigen Wassermassen heißen **Weltmeere** oder **Ozeane**.
Auf der Erde gibt es sieben **Kontinente** und drei **Weltmeere**.

Benenne die Weltmeere und die Kontinente auf der Karte.

Meeres-Tipps

- ➡ Der Pazifische Ozean liegt westlich von Nordamerika und Südamerika.
- ➡ Der Atlantische Ozean liegt zwischen Amerika und Afrika.
- ➡ Der Indische Ozean liegt zwischen Afrika, Asien und Australien.

Kontinente-Tipps

- ➡ Die Antarktis liegt im südlichsten Teil dieser Karte.
- ➡ Australien liegt südlich von Asien und nördlich der Antarktis.
- ➡ Südamerika liegt südlich von Nordamerika und westlich von Afrika.
- ➡ Nordamerika liegt zwischen dem Pazifischen Ozean und dem Atlantischen Ozean.
- ➡ Afrika liegt südlich von Europa.
- ➡ Asien liegt östlich von Europa.

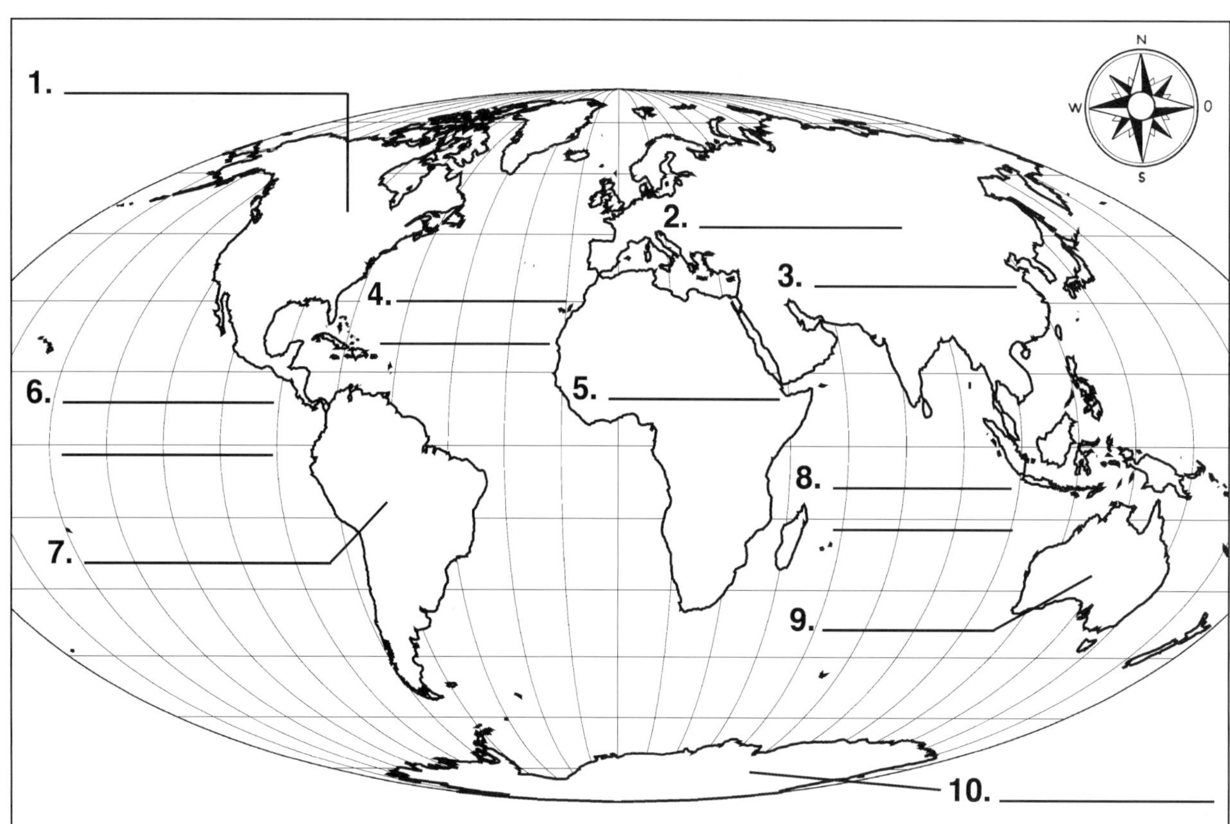

Die Notaufnahme

Dies ist ein Plan von der Notaufnahme im Krankenhaus. Sieh ihn dir gut an und beantworte die Fragen.

1. Auf welcher Seite des Gebäudes liegt der Eingang für Notfälle?

....

2. Liegt das Wartezimmer südlich vom Schwesternzimmer?

....

3. Auf welcher Seite des Wartezimmers sind die Toiletten?

....

4. Wie viele Personen können im Wartezimmer sitzen?

....

5. Wie viele Betten sind in der Notaufnahme?

....

6. Wie viele Patienten befinden sich in der Notaufnahme?

....

7. Ist der Parkplatz nördlich oder südlich vom Krankenwagen?

....

8. Was können die Leute tun, die im Wartezimmer sitzen?

....

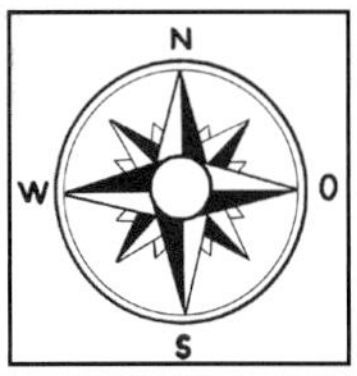

N
W
O
S

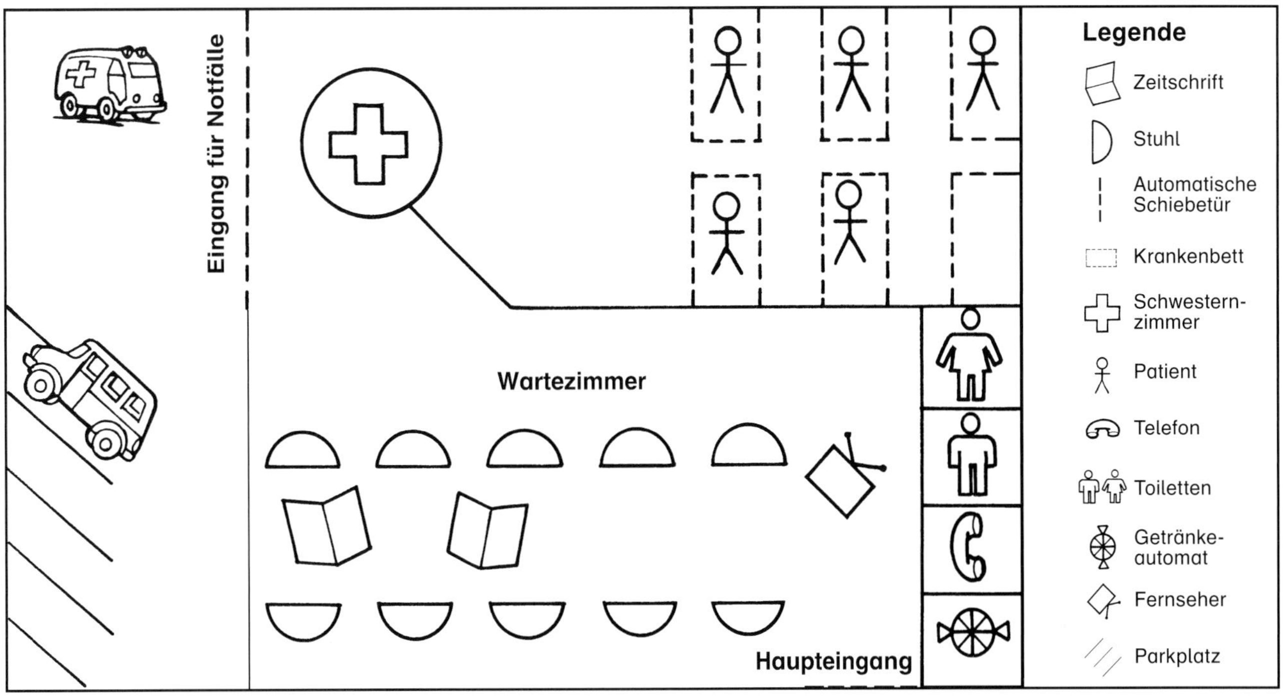

Eingang für Notfälle

Wartezimmer

Haupteingang

Legende

Zeitschrift

Stuhl

Automatische Schiebetür

Krankenbett

Schwestern-zimmer

Patient

Telefon

Toiletten

Getränke-automat

Fernseher

Parkplatz

Illustrationen: © Howard Chaney
© Verlag an der Ruhr | Autorin: Mary Rosenberg | ISBN 978-3-8346-2454-3 | www.verlagruhr.de

Karte deines Klassenzimmers

Zeichne einen Plan von deinem Klassenzimmer.
Verwende die Symbole aus der Legende.

Legende		
Fenster	Tür	Tafel
Tisch	Stuhl	Mülleimer
Waschbecken	Regal	Teppich

Illustrationen: © Howard Chaney
© Verlag an der Ruhr | Autorin: Mary Rosenberg | ISBN 978-3-8346-2454-3 | www.verlagruhr.de

Monsterland-Schule

Hier siehst du das Gebäude der Monsterland-Schule. Findest du dich zurecht? Beantworte die Fragen.

1. In welcher Etage ist das Büro der Schulleiterin? ....

2. Ist der Computerraum näher am Musiksaal oder näher am Kunstsaal?

....

3. Welche Klassenzimmer sind genau unter der Bibliothek?

....

4. Was liegt neben dem Raum der 2. Klasse? ....

5. In welcher Etage sind die Toiletten? ....

6. Wofür wird Raum 11 genutzt? ....

7. In welchem Raum sind die Sechstklässler? ....

8. In welcher Etage ist der Kunstsaal? ....

3. Etage	**Musiksaal, Raum 31**	**6. Klasse, Raum 32**	**Toiletten, Raum 33**	**Computerraum, Raum 34**
2. Etage	**3. Klasse, Raum 21**	**Bibliothek, Raum 22**		**4. Klasse, Raum 23**
1. Etage	**Turnhalle, Raum 11**	**1. Klasse, Raum 12**	**5. Klasse, Raum 13**	**2. Klasse, Raum 14**
Erdgeschoss	**Kunstsaal, Raum 01**	**Kindergarten, Raum 02**	**Cafeteria, Raum 03**	**Büro der Schulleiterin, Raum 04**

Treppenhaus

Mein Lieblingsplatz

Zeichne einen Plan von deinem Lieblingsplatz. Denke auch an die Legende.

Denke dir dann zwei Fragen aus, die andere Kinder beantworten können, wenn sie deinen Plan benutzen.

1. ....

....

2. ....

....

Legende

Illustrationen: © Howard Chaney
© Verlag an der Ruhr | Autorin: Mary Rosenberg | ISBN 978-3-8346-2454-3 | www.verlagruhr.de

Test- und Übungsseite – 1

Male das Kästchen unter der richtigen Antwort aus.

1. Welches Symbol steht für „Wald“?

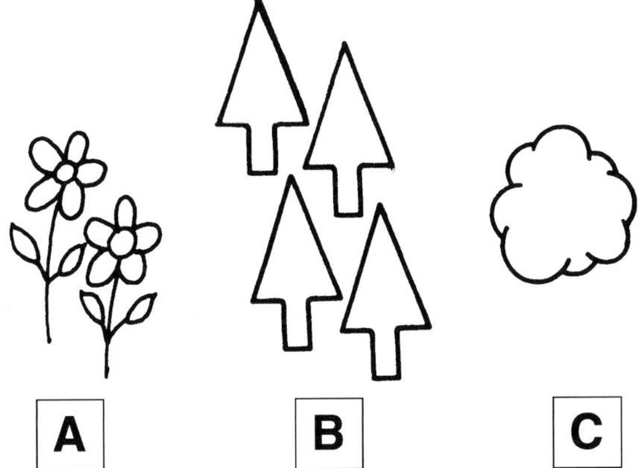

A B C

2. Wie viele Hütten stehen hier?

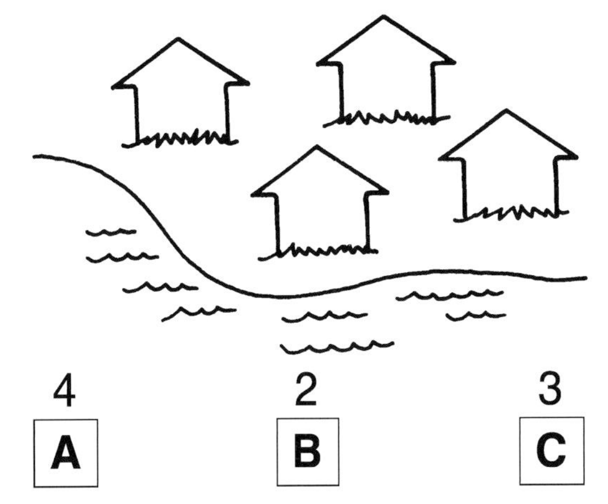

4	2	3
A	B	C

3. Welches Symbol steht für „Wasser“?

A B C

4. Welches Zeichen bedeutet „Vorsicht, Seitenwind!“?

A B C

5. Wie heißt der Berg?

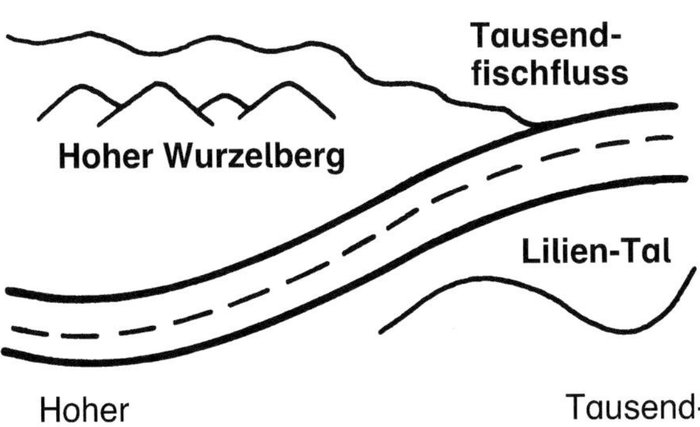

Hoher Wurzelberg	Lilien-Tal	Tausend-fischfluss
A	B	C

6. Welches Zeichen bedeutet „Achtung, Gegenverkehr!“?

A B C

Test- und Übungsseite – 2

Male das Kästchen unter der richtigen Antwort aus.

N
NW NO
W O
SW SO
S

1. Wie viele Schritte musst du gehen, um vom Kamm zum Schlüssel zu gelangen? (Beachte: ein Kästchen = 1 Schritt)

5	1	3
A	**B**	**C**

2. Was ist nördlich von dem Badeschaum?

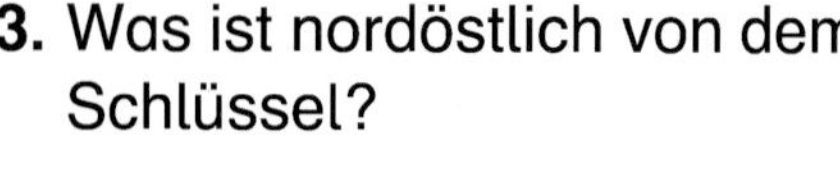

3. Was ist nordöstlich von dem Schlüssel?

4. Was ist links von der Ente?

Test- und Übungsseite – 3

Male das Kästchen unter der richtigen Antwort aus.

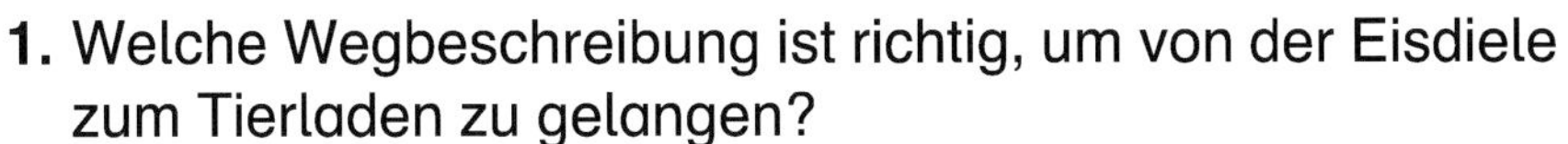

1. Welche Wegbeschreibung ist richtig, um von der Eisdiele zum Tierladen zu gelangen?

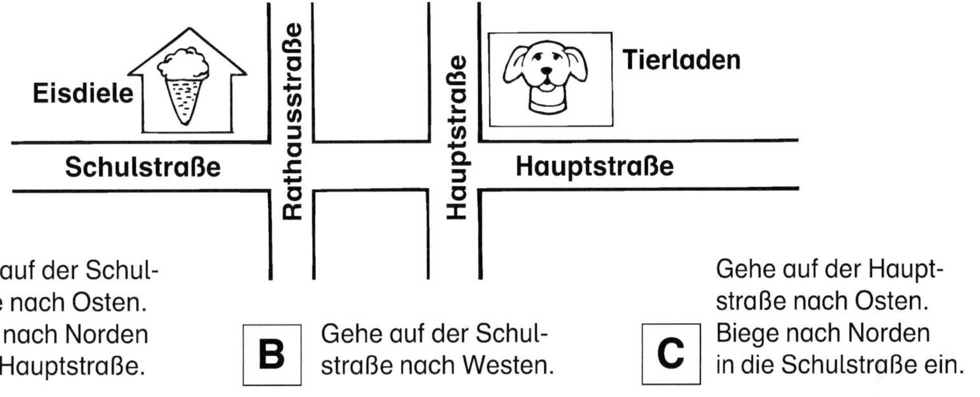

A Gehe auf der Schulstraße nach Osten. Biege nach Norden in die Hauptstraße.

B Gehe auf der Schulstraße nach Westen.

C Gehe auf der Hauptstraße nach Osten. Biege nach Norden in die Schulstraße ein.

2. Was fehlt bei dieser Adresse?

Anna Lieblich
Würzstraße
55523 Stöppihausen

Name	Hausnummer	Straßenname
A	**B**	**C**

3. Wie viele Kilometer sind es von Annas Haus zu Jakobs Haus?

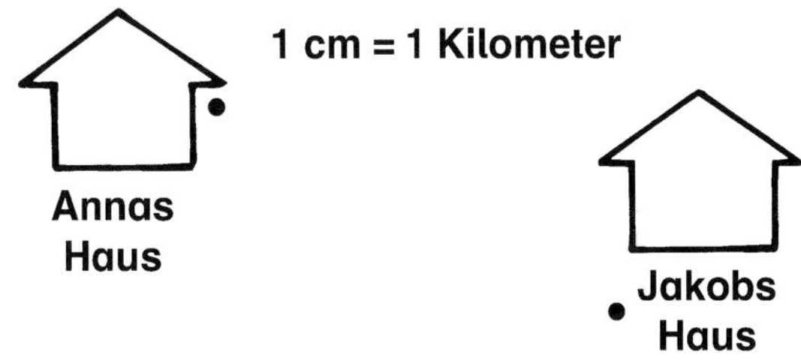

1 Kilometer	4 Kilometer	10 Kilometer
A	**B**	**C**

4. An welchen Straßen wohnt Michel?

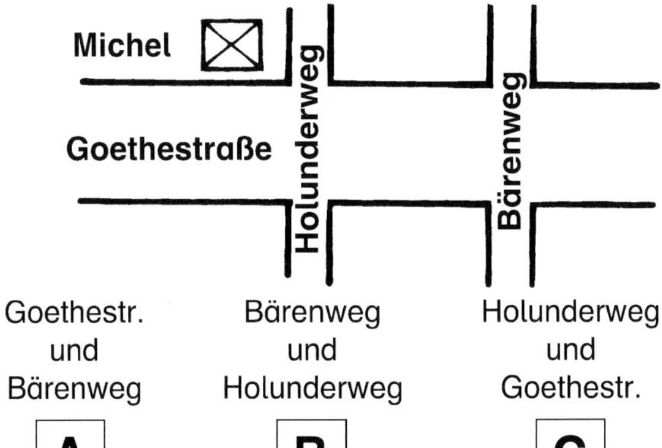

Goethestr. und Bärenweg	Bärenweg und Holunderweg	Holunderweg und Goethestr.
A	**B**	**C**

5. Zwischen welchen Straßen liegt Winnis Haus?

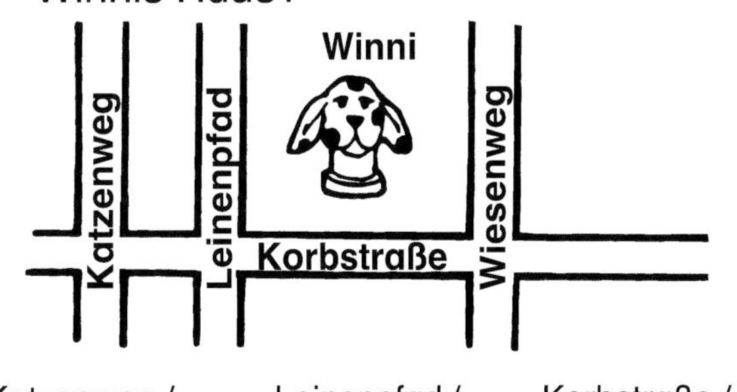

Katzenweg / Leinenpfad	Leinenpfad / Wiesenweg	Korbstraße / Katzenweg
A	**B**	**C**

Illustrationen: © Howard Chaney

Test- und Übungsseite – 4

Male das Kästchen unter der richtigen Antwort aus.

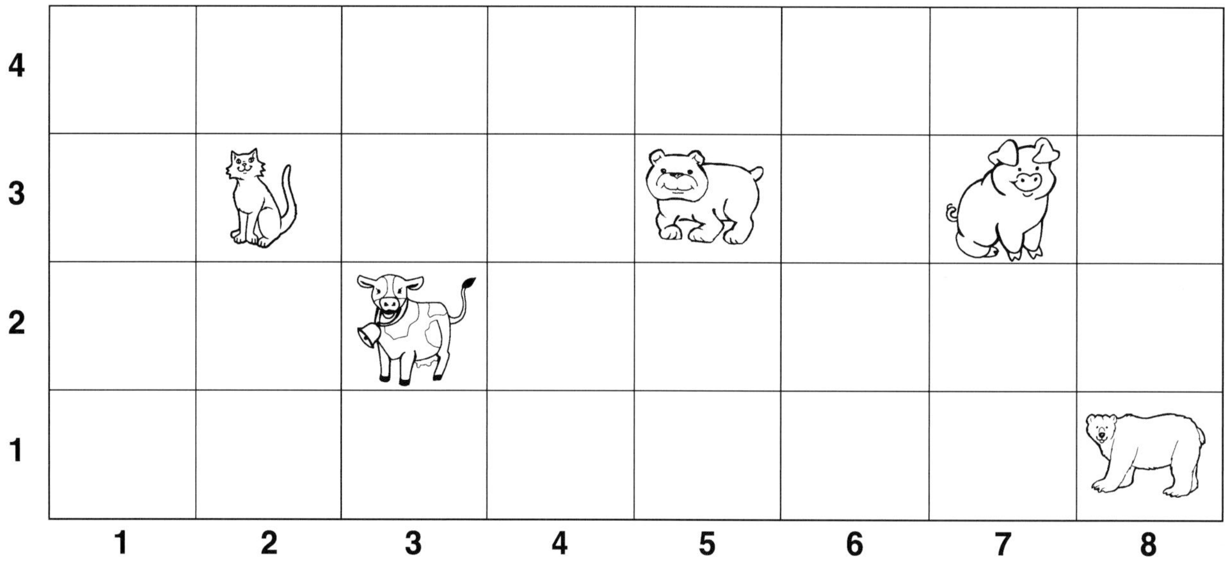

4								
3								
2								
1								
	1	**2**	**3**	**4**	**5**	**6**	**7**	**8**

1. Was hat die Koordinate (3/2)

A **B** **C**

2. Wie lautet die Koordinate für die Bulldogge?

(3 / 5) (5 / 3) (8 / 1)

A **B** **C**

3. Gehe vom Schwein 4 Schritte nach links und einen nach unten. Was ist dort?

A **B** **C**

4. Wie lautet die Koordinate für den Bären?

(3 / 5) (5 / 3) (8 / 1)

A **B** **C**

5. Was ist nördlich vom Stern?

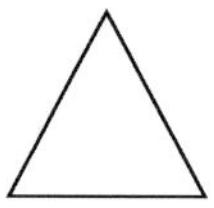

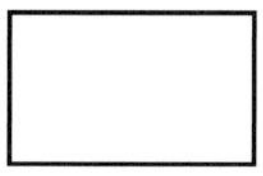

A **B** **C**

6. Was ist östlich vom Stern?

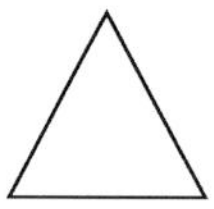

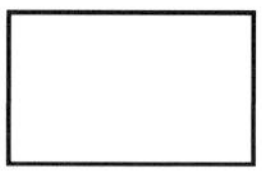

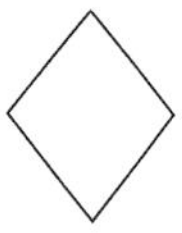

A **B** **C**

Illustrationen: © Howard Chaney
© Verlag an der Ruhr | Autorin: Mary Rosenberg | ISBN 978-3-8346-2454-3 | www.verlagruhr.de

Test- und Übungsseite – 5

☺

Male das Kästchen unter der richtigen Antwort aus.

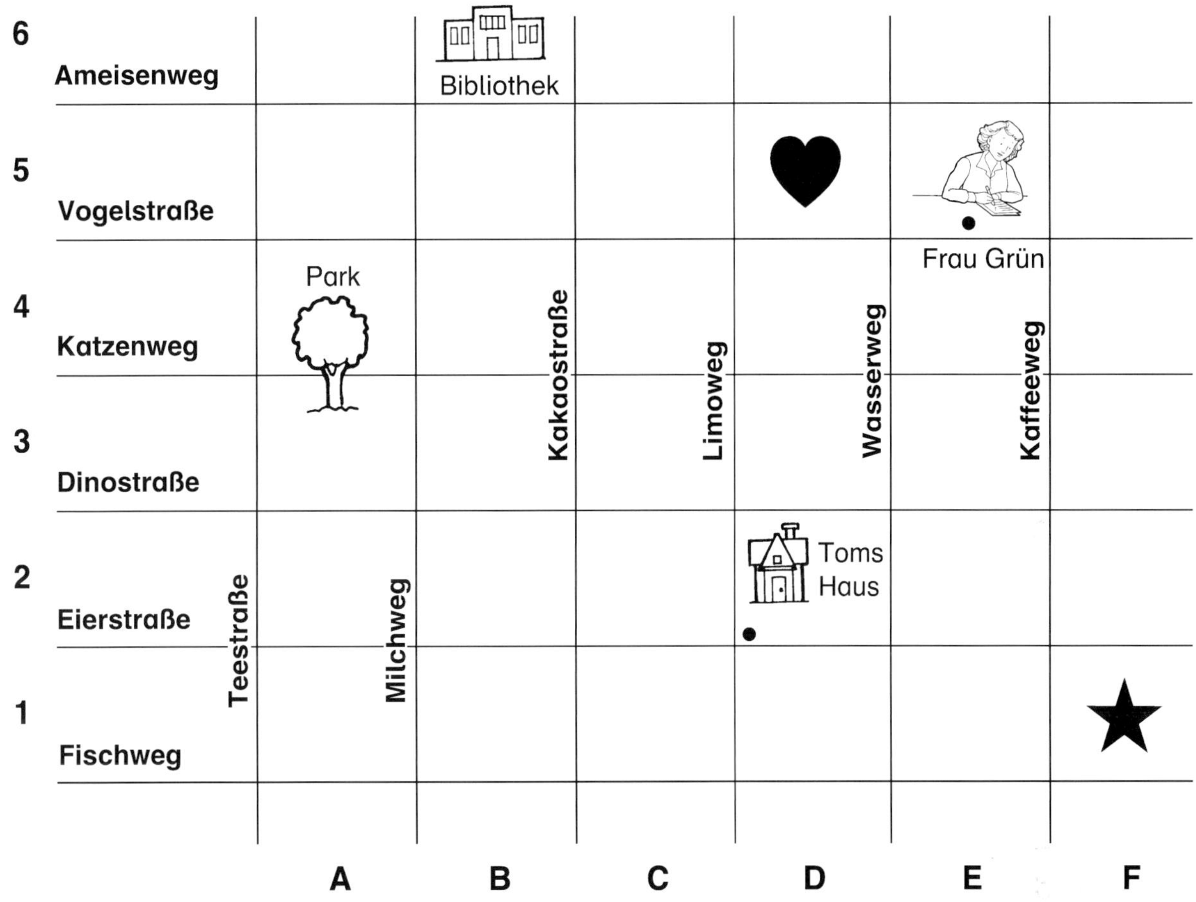

6 **Ameisenweg** — Bibliothek

5 **Vogelstraße** — Frau Grün

4 **Katzenweg** — Park

3 **Dinostraße**

2 **Eierstraße** — Toms Haus

1 **Fischweg**

Teestraße **Milchweg** **Kakaostraße** **Limoweg** **Wasserweg** **Kaffeeweg**

A B C D E F

1. In welcher Straße wohnt Frau Grün?

Vogelstraße	Katzenweg	Dinostraße
A	**B**	**C**

2. An welchen Straßen liegt Toms Haus?

Kaffeeweg / Fischweg	Limoweg / Vogelstraße	Limoweg / Eierstraße
A	**B**	**C**

3. Wo liegt die Bibliothek?

C 6	C 5	B 6
A	**B**	**C**

4. In welchem Planquadrat liegt das Herz?

F 1	D 5	D 4
A	**B**	**C**

5. Zwischen welchen zwei Straßen liegt der Park?

Kakaostraße / Katzenweg	Vogelstraße / Ameisenweg	Teestraße / Milchweg
A	**B**	**C**

6. In welchem Planquadrat liegt der Stern?

D 5	F 1	F 2
A	**B**	**C**

Illustrationen: © Howard Chaney

Test- und Übungsseite – 6

Male das Kästchen unter der richtigen Antwort aus.

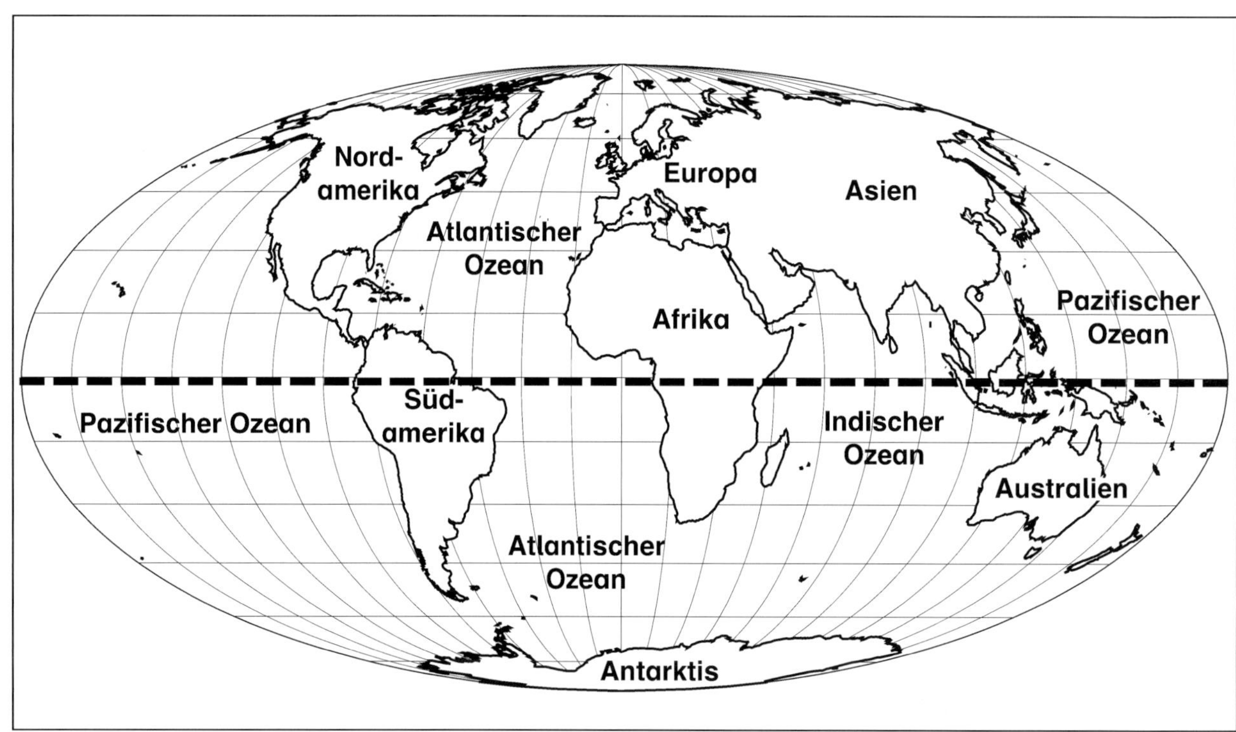

1. Wie viele Kontinente gibt es? **5** **A** · **6** **B** · **7** **C**	**2.** Wie heißt das Meer vor der Westküste von Australien? Pazifischer Ozean **A** · Indischer Ozean **B** · Arktischer Ozean **C**
3. Welcher der folgenden Namen ist der Name eines Meeres? Mystischer Ozean **A** · Pazifischer Ozean **B** · Westlicher Ozean **C**	**4.** Welcher Kontinent liegt vollständig in der nördlichen Hemisphäre? Europa **A** · Süd-amerika **B** · Afrika **C**
5. Welcher Kontinent liegt nördlich von Südamerika? Europa **A** · Australien **B** · Nord-amerika **C**	**6.** Welcher Kontinent liegt genau südlich von Europa? Australien **A** · Asien **B** · Afrika **C**

Orientierung und Kartenkunde

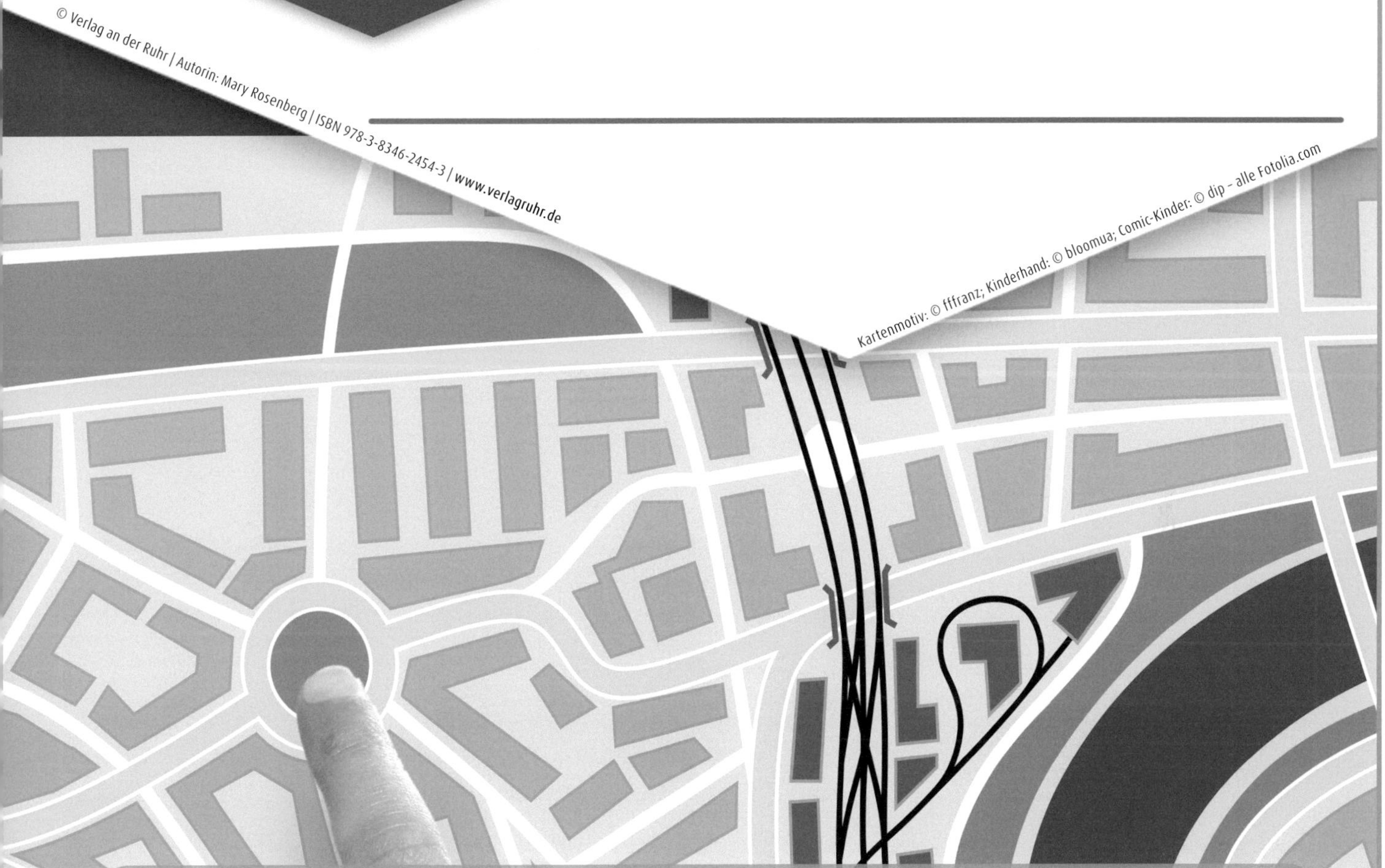

Das möchte ich wissen:

....

....

....

Das habe ich gelernt:

....

....

....

Das hat mir besonders gefallen:

....

....

....

Arbeits-Pass von: ....

Angebot	erledigt am:	kontrolliert/ vorgestellt am:

Lösungen

Seite 5 – **Bedeutungen von Symbolen**

Die Zeichnungen der Kinder können sich voneinander unterscheiden.
Tipp: Lassen Sie die Kinder in Kleingruppen ihre Ergebnisse vergleichen und besprechen.
Warum ähnelt sich vieles?
Warum unterscheiden sich manche Zeichnungen?

Seite 6 – **Eine Landkarte ausmalen**

Überprüfen Sie, ob alle Symbole richtig angemalt sind.

Seite 7 – **Eine Legende lesen**

1. Es gibt **drei** Hütten.
2. Er heißt **Bärenbach-Wald.**
3. Der **Bergpfad** ist am nächsten am kleinen See.
4. Der Kanuverleih ist näher an den **Hütten**.
5. Man kommt zu Fuß auf dem **Bergpfad** von der Bärenhöhle zum kleinen See.

Seite 8 – **Monsterland wurde entdeckt**

1. Sie heißen **Gigantenberge**.
2. Die Hauptstadt heißt **Neumonsterstadt**.
3. **Im westlichen Teil** liegt der Silbersee.
4. Er liegt **südlich** von Neumonsterstadt.
5. **Zwergenland, Riesenland, Feenland** grenzen an Monsterland.
6. Man kann auf der **Autobahn 7** fahren.
7. Die **Autobahn 10** führt von Zwergenland nach Feenland.
8. Der Silbersee liegt **östlich** von Feenland.

Seite 9 – **Straßenschilder**

Lösung siehe Seite 52

Seite 10 – **Im Supermarkt**

Lösung siehe Seite 52

Seite 11 – **Eine Adresse schreiben**

1. Max wohnt in der **Leonardstraße 53.**
2. Sarah wohnt in der **Bergstraße 162.**
3. Tina wohnt in der **Bergstraße 213**.
4. Marie wohnt in der **Almastraße 19**.
5. Jens wohnt in der **Leonardstraße 7**.
6. Marcello wohnt in der **Mozartstraße 68.**

Seite 12 – **Häuser und Straßen**

1. Melanies Haus liegt an der Ecke **Rosinenstraße** und **Traubenweg**.
2. Daniels Haus liegt an der Ecke **Bananenweg** und **Traubenweg**.
3. Lenas Haus liegt an der Ecke **Rosinenstraße** und **Pflaumenstraße**.
4. Philipps Haus liegt an der Ecke **Pflaumenstraße** und **Rosinenstraße**.

Seite 13 – **Urlaubsplanung**

1. Gehe 3 Schritte nach Süden. Biege nach Westen ab und mache einen Schritt. Oder: Gehe einen Schritt nach Westen und 3 Schritte nach Süden.
2. Gehe 5 Schritte nach Norden. Biege nach Westen ab und gehe 4 Schritte. Oder:
   Gehe 4 Schritte nach Westen und 5 Schritte nach Norden.
3. Gehe 5 Schritte nach Osten, dann einen Schritt nach Süden. Oder: Gehe einen Schritt nach Süden und dann 5 Schritte nach Osten.
4. Gehe 4 Schritte nach Süden, dann 6 Schritte nach Westen. Oder: Gehe 6 Schritte nach Westen und dann 4 Schritte nach Süden.
5. Gehe 2 Schritte nach Norden, dann 3 Schritte nach Westen. Oder: Gehe 3 Schritte nach Westen und dann 2 Schritte nach Norden.

Seite 14 – **Norden, Süden, Osten und Westen**

1. **Polizei und Bücherei** liegen nördlich der Kastanienallee.
2. **Bank und Feuerwehr** liegen südlich der Kastanienallee.
3. **Polizei und Bank** liegen westlich der Birkenstraße.
4. **Bücherei und Feuerwehr** liegen östlich der Birkenstraße.
5. **Norden**
6. **Westen**
7. **Süden**
8. **Osten**

Seite 15 – **Folge den Himmelsrichtungen**

Kontrollieren Sie, ob die Gegenstände richtig angemalt wurden.

Lösungen

Seite 16 – **Wegbeschreibungen geben**

Verschiedene Antworten sind möglich.

Seite 17 – **Genauere Wegbeschreibungen**

1. Das Sportgeschäft liegt **nordwestlich** der Bücherei.
2. Der Campingplatz liegt **südöstlich** des Supermarkts.
3. Das Kino liegt **nordöstlich** der Bücherei.
4. Das Restaurant liegt **südwestlich** des Supermarkts.

Seite 18 – **Die Pizzafabrik**

1. Die **Ananas** liegt südlich vom Käse.
2. Die **Tomatensoße** liegt westlich von der Ananas.
3. Die **Tomatensoße** liegt östlich vom Gemüse.
4. Der **Teig** liegt westlich von der Salami.
5. Die **Tomatensoße** ist links von der Ananas.
6. Die **Salami** ist über der Tomatensoße.
7. Das **Gemüse** ist unterhalb vom Teig.
8. Die **Tomatensoße** ist zwischen der Ananas und dem Gemüse.
9. Die **Salami** ist rechts vom Teig.
10. Das **Gemüse** ist links von der Tomatensoße.
11. Der **Teig** liegt nordwestlich von der Tomatensoße.
12. Der **Käse** liegt nördlich von der Ananas und östlich von der Salami.
13. Die **Tomatensoße** liegt südwestlich vom Käse.
14. Die **Tomatensoße** liegt südöstlich vom Teig.
15. Das **Gemüse** liegt südlich vom Teig und westlich von der Tomatensoße.

Seite 19 – **Schriftliche Wegbeschreibungen**

Verschiedene Antworten sind möglich.

Seite 20 – **Entfernungen – 1**

1. 9 cm = 45 m
2. 6 cm = 30 m
3. 6 cm = 30 m
4. 5 cm = 25 m
5. 4 cm = 20 m
6. 3 cm = 15 m

Seite 21 – **Entfernungen – 2**

1. 10 cm = 100 m
2. 7 cm = 70 m
3. 5 cm = 50 m
4. 4 cm = 40 m

Seite 22 – **Wie kommst du ans Ziel?**

Lösung siehe Seite 53

Seite 23 – **Welche Position?**

Lösung siehe Seite 53

Seite 24 – **Koordinaten**

Lösung siehe Seite 53

Seite 25 – **Jede Form hat ihren Platz**

Lösung siehe Seite 53

Seite 26 – **Sport und Spiel**

Lösung siehe Seite 53

Seite 27 – **Der Golfplatz**

Lösung siehe Seite 54

Seite 28 – **Straßen in der Stadt**

1. Schule
2. Bahnhof
3. Spielplatz
4. Restaurant
5. Pfadfindergruppe
6. Krankenhaus

7. Obere Straße
8. Sternenweg und Hauptstraße
9. Sonnenallee
10. Untere Straße
11. Mondstraße und Hauptstraße
12. Hauptstraße

Lösungen

Seite 29 – **Verschiedene Fahrzeuge**

1. Bus
2. Taxi
3. Feuerwehrwagen
4. Rennwagen

Seite 30 – **Auf der Bundesstraße**

1. An der **Bundesstraße 4** ist eine Tankstelle.
2. Das Straßenschild **Flughafen** ist an der Bundesstraße 8.
3. Langdorf liegt an der **Bundesstraße 4**.
4. An der **Bundesstraße 1** gibt es Seitenwind.
5. Das Straßenschild **Flughafen** ist in der Nähe von Sauberstadt.
6. Die **Bundesstraße 5** kreuzen Zugschienen.

Seite 31 – **Ausflugsziele**

1. Fahre nach Süden auf der B 5, dann nach Osten auf der B 1.
2. Fahre nach Norden auf der B 3, nach Westen auf der B 1, dann nach Norden auf der B 2.
3. Fahre nach Norden auf der B 5, nach Westen auf der B 1, nach Norden auf der B 2, und nach Westen auf der B 8.
4. Fahre nach Süden auf der B 2, dann nach Osten auf der B 1.
5. Fahre nach Osten auf der B 8, nach Süden auf der B 2, nach Osten auf der B 1, dann nach Süden auf der B 3.

Seite 32 – **Versteckter Schatz**

Lösung siehe Seite 54

Seite 34 – **Deutschlandkarte – 2**

Kontrollieren Sie, ob alle Bundesländer, Länder etc. richtig angemalt sind.

Seite 35 – **Die Erde**

1. Rot = Äquator
2. Gelb = Nordamerika, Afrika, Europa, Asien
3. Grün = Südamerika, Afrika, Australien, Antarktis
4. Blau = Pazifischer Ozean, Atlantischer Ozean, Indischer Ozean

Seite 36 – **Kontinente und Meere**

1. Nordamerika
2. Europa
3. Asien
4. Atlantischer Ozean
5. Afrika
6. Pazifischer Ozean
7. Südamerika
8. Indischer Ozean
9. Australien
10. Antarktis

Seite 37 – **Die Notaufnahme**

1. Er liegt an der nordwestlichen Seite des Gebäudes.
2. Ja.
3. Sie liegen östlich vom Wartezimmer.
4. Es können 10 Personen sitzen.
5. Es sind 6 Betten.
6. Es sind 5 Patienten in der Notaufnahme.
7. Er ist südlich vom Krankenwagen.
8. Sie können lesen oder fernsehen.

Seite 38 – **Karte deines Klassenzimmers**

Verschiedene Pläne von Klassenräumen sind möglich.

Seite 39 – **Monsterland-Schule**

1. Es ist im **Erdgeschoss**.
2. Er ist näher am **Musiksaal**.
3. Die **1. Klasse (Raum 12) und 5. Klasse (Raum 13)** sind es.
4. Die **5. Klasse (Raum 13)** liegt dort.
5. Sie sind in der **3. Etage.**
6. Es ist die **Turnhalle**.
7. Sie sind in **Raum 32**.
8. Er ist im **Erdgeschoss**.

Seite 40 – **Mein Lieblingsplatz**

Verschiedene Pläne sind möglich.

Lösungen

Seite 41 – Test- und Übungsseite – 1

1. B
2. A
3. C
4. C
5. A
6. B

Seite 42 – Test- und Übungsseite – 2

1. C
2. A
3. B
4. C

Seite 43 – Test- und Übungsseite – 3

1. A
2. B
3. B
4. C
5. B

Seite 44 – Test- und Übungsseite – 4

1. A
2. B
3. A
4. C
5. C
6. B

Seite 45 – Test- und Übungsseite – 5

1. A
2. C
3. C
4. B
5. C
6. B

Seite 46 – Test- und Übungsseite – 6

1. C
2. B
3. B
4. A
5. C
6. C

Seite 9 – Straßenschilder

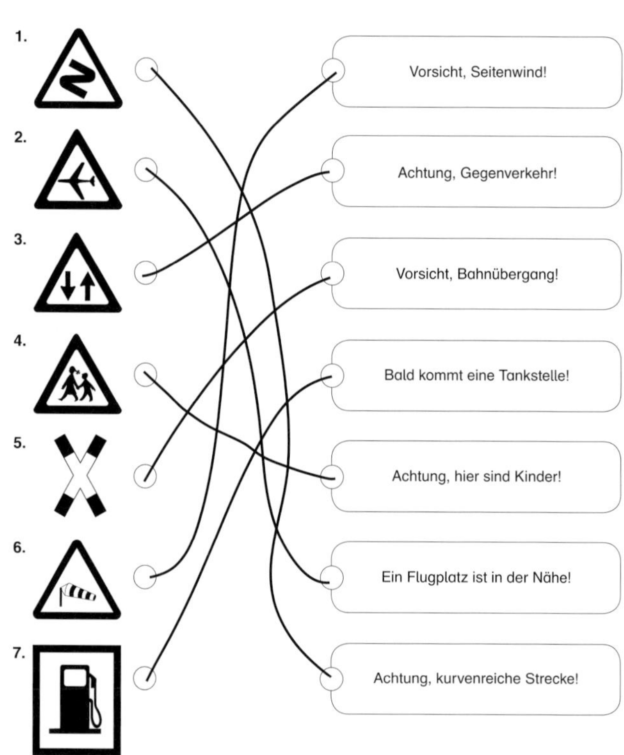

Seite 10 – Im Supermarkt

Einkaufsliste	Gang
1. Tomaten	Gang 2
2. Brötchen	Gang 6
3. Kuchen	Gang 6
4. Schinken	Gang 4
5. Apfelsaft	Gang 3
6. Hundefutter	Gang 8
7. Toilettenpapier	Gang 7
8. Hühnchen	Gang 4
9. Zahnpasta	Gang 7
10. Trauben	Gang 1
11. Orangensaft	Gang 3
12. Brot	Gang 6
13. Seife	Gang 7
14. Kekse	Gang 5
15. Rindfleisch	Gang 4
16. Mineralwasser	Gang 3
17. Vogelfutter	Gang 8
18. Zahnbürste	Gang 7
19. Limonade	Gang 3
20. Bananen	Gang 1

Lösungen

Seite 22 – Wie kommst du ans Ziel?

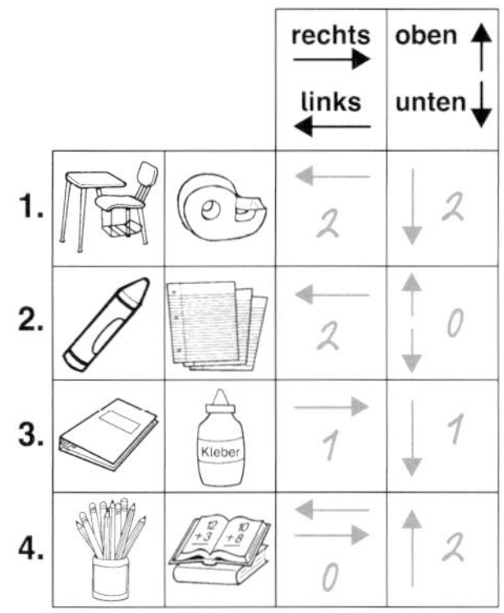

			rechts → / links ←	oben ↑ / unten ↓
1.			← 2	↓ 2
2.			← 2	↑↓ 0
3.		Kleber	→ 1	↓ 1
4.			←→ 0	↑ 2

			rechts → / links ←	oben ↑ / unten ↓
5.			→ 4	↓ 1
6.	Kleber		← 5	↑ 1
7.			→ 5	↓ 1
8.			→ 1	↑ 4

Seite 23 – Welche Position?

		nach rechts →	nach oben ↑
1.		2	1
2.		7	5
3.		3	3

		nach rechts →	nach oben ↑
4.		5	4
5.		4	6
6.	Kleber	6	2

		nach rechts →	nach oben ↑
7.		4	2
8.		5	1
9.		1	6

Seite 24 – Koordinaten

1. (6 / 4)	2. (1 / 5)	3. (8 / 1)
4. (7 / 6)	5. (5 / 2)	6. (3 / 8)
7. (4 / 7)	8. (3 / 4)	9. (2 / 3)

Seite 25 – Jede Form hat ihren Platz

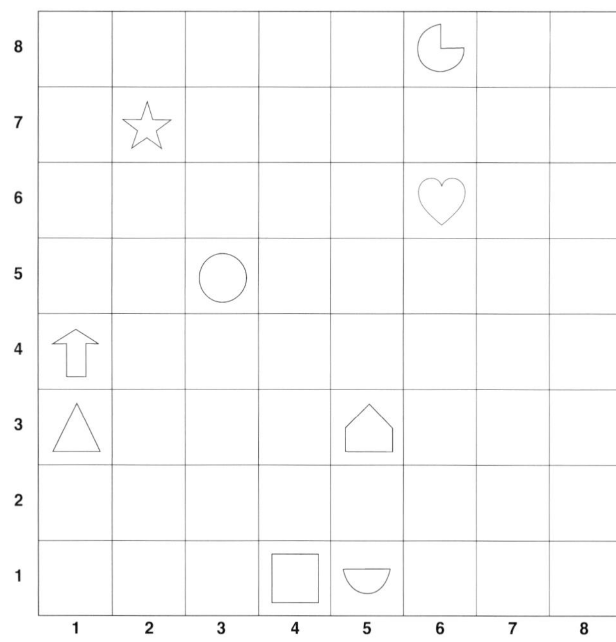

Seite 26 – Sport und Spiel

1. A6	2. F1	3. C4
4. C1	5. E2	6. G3
7. F5	8. H2	9. A3

Lösungen

Seite 27 – **Der Golfplatz**

1. A 4	2. G 1–2	3. A–B 1–2	4. E 5
5. C 4, 5	6. D 6	7. F 3–4	8. H 2–3
9. D 3	10. G 5	11. D 1	12. B–C 6

Seite 32 – **Versteckter Schatz**

Notizen

Notizen